HERÓIS DA IGREJA

HERÓIS DA IGREJA

Grandes nomes da história do cristianismo

VOLUME 5

A ERA CONTEMPORÂNEA

Editado por

AL TRUESDALE

Traduzido por Luciana Chagâs

CIP-Brasil. Catalogação na publicação
Sindicato Nacional dos Editores de Livros, RJ

H48
v. 5

Heróis da igreja : grandes nomes da história do cristianismo :
a era contemporânea / editado por Al Truesdale ; traduzido
por Luciana Chagas. - 1. ed. - São Paulo : Mundo Cristão,
2020.
    240 p. (Heróis da igreja ; 5)

    Tradução de: The book of saints : the modern era
    ISBN 978-85-433-0502-8

    1. História da igreja - Séc. XX. 2. Santos Cristãos. I.
Truesdale, Al. II. Chagas, Luciana. III. Série.

19-61615   CDD: 270.82
                           CDU: 27-9"19"

Edição
Daniel Faria

Revisão
Natália Custódio

Produção e diagramação
Felipe Marques

Colaboração
Ana Luiza Ferreira

Capa
Maquinaria Studio

Categoria: Espiritualidade
1ª edição: março de 2020
Impressão digital sob demanda

Publicado no Brasil com todos
os direitos reservados por:
Editora Mundo Cristão
Rua Antônio Carlos Tacconi, 69
São Paulo, SP, Brasil
CEP 04810-020
Telefone: (11) 2127-4147
www.mundocristao.com.br

Quem pertence a Cristo deve segui-lo por toda a jornada. Deve amadurecer e tornar-se adulto, até que, cedo ou tarde, venha a cruzar o caminho que leva ao Getsêmani e ao Gólgota.
Teresa Benedita da Cruz, *Escritos essenciais*, p. 125

+ + +

Fé significa ver Cristo e arriscar-se a aceitá-lo, não apenas como o maior mestre da verdade que já existiu, mas como a própria Verdade. [...] Ele não somente requer que acatemos em nosso intelecto a retidão daquilo que proclamou [...], mas que sintamos, com a noção de certo e errado que nos é inerente, com o coração, a alma e todo o nosso ser, o chamado que dirige a nós.
Romano Guardini, *O Senhor*, cap. 2

SUMÁRIO

INTRODUÇÃO

Nos séculos 19 e 20, à medida que a era moderna avançava, eminentes profetas seculares se levantaram para anunciar a morte da fé cristã. Afirmavam eles que os seres humanos haviam alcançado a maioridade ao adquirir a capacidade de raciocinar objetivamente, investigar, organizar-se e fazer uso da tecnologia. Em virtude disso, a humanidade deveria abandonar a crença infantil em Deus. As noções de pessoalidade e comunidade só deixariam de ser severamente limitadas quando todos se despissem dos farrapos da religião e vestissem os majestosos robes do ateísmo e da autonomia humana.

Entre os arautos da liberação da autonomia humana estava o filósofo Ludwig Feuerbach (1804–1872), o qual "descobriu" que, quando as pessoas pensam estar louvando a Deus, na verdade estão equivocadamente projetando a perfectibilidade de sua própria essência humana sobre uma figura cósmica fictícia. "Tome de volta para si a sua essência", proclamava ele. Próximo disso, Karl Marx (1818–1883) anunciou que a religião é um ópio escravizante servido a operários por capitalistas abastados e tiranos que, visando convencê-los a aceitar a injusta exploração de sua força de trabalho, recorrem à fantasiosa garantia de uma vida melhor no paraíso. Em outro movimento, Friedrich Nietzsche (1844–1900) prontificou-se a expor o discreto e sórdido segredo da religião. Segundo ele, em tempos remotos o judaísmo e o cristianismo foram exitosos em iludir a nobreza fazendo-a abraçar uma "ética" judaico-cristã propagada por covardes deploráveis e párias sociais. A revogação desse equívoco demandaria, então, a morte do "Deus" artificial que o provocou. Émile Durkheim (1858–1917), pai da sociologia moderna, bondosamente reconheceu alguns "benefícios" da religião, mas "revelou" que ela se fundamenta na consciência social coletiva ou comunitária, e não em Deus, como creem alguns. Agora que a verdade está posta, a humanidade deve descartar esse mal-entendido e empenhar-se em desenvolver seu formidável potencial coletivo. Então, lá das alturas, a convincente voz de Sigmund Freud (1856–1939) anunciou a descoberta de que a religião, desenvolvida nos primórdios da história, é uma neurose universal que incapacita os seres humanos. Uma vez que sua origem seja exposta e diretamente confrontada, a neurose pode ser sanada mediante terapia. Assim, no futuro, a saúde, e não a doença, poderá ser a nobre característica da raça humana.

Todavia, o obituário que esses oráculos seculares dedicaram ao cristianismo se revelou grosseiramente prematuro.

Perspicazes representantes da fé cristã apostólica começaram, então, a rebater os profetas seculares. Visionários, eles desmantelaram argumentos falaciosos que cristãos responsáveis até então não tinham conseguido derrotar. Contra as correntes de humanismo secular, líderes cristãos bastante argutos insistiram que o que define uma pessoa está inextricavelmente vinculado à fé cristã. Talvez perdure por um tempo a noção de que a humanidade enfim terá alcançado seu potencial depois da extinção da fé, mas essa noção também se esvairá gradualmente. De fato, os profetas seculares estão alinhados com aquilo que garante o valor humano: a revelação cristã. "A saúde do espírito humano", defendem os pensadores cristãos, "depende de sua relação com o que é verdadeiro, bom e sagrado." Se não for assim, "o espírito adoece" (Guardini, *O fim da era moderna*, p. 177).

Os profetas seculares não previram o crescimento vertiginoso do cristianismo na China comunista, nem o fato de o movimento cristão atrair muitos intelectuais chineses — tudo isso a despeito dos rompantes de perseguição promovidos pelo governo e dos desafios inerentes ao crescimento da igreja.*

* É difícil determinar quantos cristãos há na China, pois não há uma estimativa oficial. O Centro de Pesquisa Pew calculou haver cerca de 67 milhões de cristãos no país em 2010. Já os pesquisadores do Centro de Estudos do Cristianismo Global incluiu na contagem as conversões extraoficiais, o que aumentou esse número para 106 milhões. Ver Sarah Eekhoff Zylstra, "Made in China: The Next Mass Missionary Movement", *Christianity Today*, jan./fev. de 2016, p. 20.

Também não previram o ressurgimento da fé ortodoxa na Rússia, a expansão da igreja na América do Sul e na África, o reavivamento que hoje se alastra pelas igrejas da Cuba comunista, nem as manifestações abertamente confessionais de cientistas como Francis Collins, Susan Steinmetz, Alister McGrath e John Ponkinghorne.

Outro aspecto talvez igualmente importante é o fato de os profetas seculares não terem antevisto o surgimento de proficientes e articulados porta-vozes da fé cristã que examinaram a modernidade e, submetendo-a aos devidos ajustes, refinaram e fortaleceram sua fé. Entre eles estão os eruditos bíblicos Elisabeth Fiorenza e Richard B. Hays; os especialistas em história da igreja Mark Noll, Philip Jenkins e George Marsden; os teólogos Nancey Murphy, George Weigel e J. I. Packer; os sociólogos Christian Smith, Peter L. Berger e Alan Storkey; os filósofos Roger Scruton e Alvin Plantinga; e os intelectuais renomados Ross Douthat e Eric Metaxas. Nenhum deles pretende negar as conquistas da modernidade, mas também não encontram nela razões que os levassem a abandonar "a fé que, de uma vez por todas, foi confiada ao povo santo" (Jd 1.3).

À medida que avançamos para o que quer que venha a suceder a modernidade tardia, a fé cristã enfrentará novos desafios. Estes podem incluir: ideologias políticas e tecnológicas que sutilmente subvertem as noções de comunidade e individualidade humana; novidades nas ciências natural, social e cognitiva; embates inevitáveis com outras religiões; questionamentos difíceis quanto à nossa compreensão acerca da sexualidade humana; assuntos ligados a gestão ambiental; e maneiras de tornar a fé cristã endógena e autêntica nos países onde a igreja cresce rapidamente. Quaisquer que sejam tais desafios, podemos confiar que a aliança de fé entre Cristo e sua igreja "permanecerá firme", ainda que o mundo a considere "escandalosa ou insana" (Guardini, *O Senhor*, p. 443).

Os cristãos cujos escritos são reproduzidos neste volume deram vigorosos testemunhos de fé em um contexto de declarada autonomia humana. A escolha dos excertos aqui transcritos não foi tarefa fácil, sobretudo pelas limitações de publicação, pelo número quase irrestrito de nomes elegíveis, e pela intenção de produzir uma obra tão ecumênica e global quanto possível.

Este volume se mostra ainda mais rico por conter orações escritas ou sugeridas pelo reverendíssimo Frank E. Limehouse III, que foi deão da Igreja Catedral do Advento em Birmingham, no Alabama, Estados Unidos. Limehouse III é considerado um valoroso pastor ortodoxo que, em seu tempo de ministério, proclamou a fé apostólica em meio a desfavoráveis condições eclesiásticas e culturais. Ao ouvir seus sermões e conselhos, somos sempre expostos à certa e alegre promessa de justificação pela graça mediante a fé somente.

Um breve esboço biográfico precede os textos selecionados de cada personalidade aqui mencionada. Uma oração (por vezes um hino) e referências bíblicas* para reflexão acompanham cada leitura. Em muitos casos, foi necessário parafrasear e editar as citações selecionadas.

* Referências bíblicas em negrito identificam versículos bíblicos citados ou parafraseados nos excertos selecionados e nas orações.

ABRAHAM KUYPER
(1837–1920)

Abraham Kuyper foi um dos mais influentes teólogos reformados do século 19 e do início do século 20. Habilidoso apologista, Kuyper desafiou o fremente secularismo europeu e desenvolveu uma cosmovisão cristã que revelou a importância política e social da fé. Para tanto, inspirou-se na doutrina reformada da graça comum — a graça concedida a toda a humanidade e pela qual a soberania de Deus alcança toda criatura. O domínio de Deus "não pode se restringir às paredes da igreja ou à orbita cristã" (*Graça comum*, prefácio). Apenas quando age em obediência à luz da graça comum, inclusive na organização da sociedade, a humanidade pode se aproximar da imagem política e social de Deus.

Filho de um clérigo holandês reformado, Kuyper recebeu educação teológica na Universidade de Leiden, onde lecionavam teólogos liberais. Depois de concluir o doutorado em 1862, foi ordenado pastor de uma congregação rural em Beesd, onde encontrou a fervorosa fé reformada de alguns leigos que não tinham o mesmo requinte acadêmico e rejeitavam sua teologia liberal. Pouco a pouco, a entusiasmada fé daqueles leigos levou Kuyper a converter-se ao cristianismo e a abraçar a fé reformada que, então, substituiu seu liberalismo teológico. Ministro da Igreja Reformada Holandesa, ele se tornou um defensor da reforma em seu país.

Em 1872, sob a influência de Kuyper, foi lançado um novo periódico cristão, intitulado *O Estandarte*, que veio a ser um importante pilar para o cristianismo reformado. A atuação de Kuyper foi decisiva na formação do Partido Antirrevolucionário, que se opôs ao movimento secularista holandês. Kuyper se tornou membro do parlamento em 1874 e primeiro-ministro em 1901. Exerceu papel relevante na fundação da Universidade

Livre de Amsterdam (1880), onde foi professor de teologia. Em 1886, ele e muitos de seus colegas ortodoxos foram expulsos da Igreja Reformada Holandesa. Esse grupo, então, formou a Igreja Reformada da Holanda.

1

O Senhor Deus é a fonte transbordante de tudo o que é bom! Todo aquele que confessa isso com seriedade e vive de acordo com essa confissão alcançou êxito espiritual.

A fé nunca espera demais. Não importa quanto você tenha recebido, sempre há mais por vir. Ela jamais se esgota; uma vazão se sobrepõe a outra. Ainda que você esteja repleto de coisas boas, a Fonte superabundante continua a escoar.

Preste atenção: o bem que corre dessa Fonte se dirige a você por inteiro, corpo e alma.

Dessa Fonte flui graça de um tipo especial que se revela em formas variadas de satisfação e justiça, reconciliação e santidade. Dela fluem o amor que renova, o resgate da alma em desespero, a restauração do coração outrora ansioso e temeroso.

ABRAHAM KUYPER, *A ASCENSÃO DO FILHO, A DESCIDA DO ESPÍRITO*,

MEDITAÇÃO 7

Ó Senhor, nosso Pai celestial, Deus eterno e todo-poderoso, divina Fonte de Vida da qual flui todo bem e longe da qual nada de bom podemos fazer, humildemente imploramos que nos dês ter sede da água da vida que, em tua misericórdia, tu nos concedes gratuitamente. Que vivamos "de modo a sempre honrar e agradar ao Senhor, dando todo tipo de bom fruto e aprendendo a conhecer a Deus cada vez mais", por meio de Jesus Cristo, nosso Senhor. Amém.

REVERENDÍSSIMO FRANK F. LIMEHOUSE III; COLOSSENSES 1.10

PARA REFLETIR: Sl 36.5-9; 95.1-6; 96.1-9; Mt 5.1-12; 6.30-33; Lc 12.13-34; **Ef 2.10;** Fp 2.12-13; **Cl 1.10;** 3.1,12-17; Hb 13.15-16; 1Pe 4.1-7; 1Jo 3.17

◇◇◇◇◇◇◇ **2** ◇◇◇◇◇◇◇

A própria obra do Espírito Santo inclui *criação* e *recriação*. No que se refere à *criação*, o Espírito Santo suscita e sustenta a vida natural. Ele traz cada pessoa à existência e lhe dá talentos. Quanto à *recriação*, ele garante vida eterna, ou seja, salvação, regeneração. Toda pessoa que renasce do alto recebe do Espírito os dons necessários para a santificação.

O Espírito Santo revela igualmente seu caráter tanto na *criação* quanto na *recriação*. Na *criação*, ele instila vida naquilo que o Pai criou, e o faz por intermédio do Filho. Na *recriação*, fomenta vida naqueles que foram chamados pelo Pai à redenção por meio do Filho. Assim como na *criação* o Espírito toca as criaturas incutindo-lhes vida, na *recriação* ele entra no coração do crente e ali faz um templo para si, promovendo consolação, vigor e santificação. Quanto mais natural e sutil for esse contato, mais belo e glorioso serão seus resultados. Seja na *criação*, seja na *recriação*, o Espírito Santo é o agente de toda a vida e, portanto, digno de todo louvor e adoração.

ABRAHAM KUYPER, *A OBRA DO ESPÍRITO SANTO*, VOL. 1, CAP. 3, SEÇÃO 9

Ó Espírito Santo, Sustentador e Redentor, nós, servos indignos, oferecemos a ti nossa mais humilde e sincera gratidão por tua bondade e teu amável favor, dirigidos não apenas a nós, mas a todas as pessoas. Nós te bendizemos porque nos criaste, nos preservaste e nos concedeste toda sorte de bênçãos; acima de tudo, nós te bendizemos por teu inestimável amor, que redimiu o mundo em nosso Senhor Jesus Cristo, por meio da graça e para a esperança da glória. Amém.

ADAPTADO DE "AÇÃO GERAL DE GRAÇAS", ORAÇÃO MATINAL DIÁRIA:

RITO 1, LOC

PARA REFLETIR: Gn 1.1-2; Rm 1.1-6; 1Co 2.10-14; 6.9-11; 2Co 3.3,18; 5.16-21; Ef 3.14-19; 1Jo 3.24

3

Entre as divinas obras de arte produzidas pelo Espírito Santo, a primazia é atribuída às Escrituras Sagradas. Pode parecer inacreditável que as páginas de um livro consigam exceder em valor a obra do Espírito no coração humano; ainda assim, atribuímos às Escrituras a posição de maior proeminência. Nenhuma porção do texto sagrado é isolada ou incoerente, mas, sim, parte de um todo. As Escrituras não são uma mescla de ideias brilhantes e bonitas; elas refletem a vida divina.

A diferença entre vida divina e vida humana é o que torna singular o texto das Escrituras. Nelas encontramos algo que não se lê em nenhum outro registro, a saber, a harmonia perfeita entre a vida refletida no pensamento divino e aquilo que a Palavra realiza ao renovar nossa mente.

As Escrituras Sagradas são como um diamante: no escuro, assemelham-se a um pedaço de vidro, mas, tão logo a luz as alcança, começam a reluzir. Portanto, se não há vida divina, a Palavra de Deus é inócua. As Escrituras ganham vida somente quando associadas à vida divina. São como uma flor perfumada, que só nos causa deleite quando afeta nossos órgãos olfativos.

ABRAHAM KUYPER, *A OBRA DO ESPÍRITO SANTO*, VOL. I. CAP. 4, SEÇÃO 12

Senhor bendito, que providenciaste as Escrituras Sagradas para nosso aprendizado, concede que possamos ouvir, ler, anotar, aprender e digerir tuas palavras, a fim de que abracemos e até mesmo agarremos a bendita esperança da vida eterna, a qual nos deste por meio de nosso Salvador Jesus Cristo, que vive e reina contigo e com o Espírito Santo, um só Deus, para todo o sempre. Amém.

"PRÓPRIO 28", TEMPO POSTERIOR AO PENTECOSTES, COLETAS: CONTEMPORÂNEAS, LOC

PARA REFLETIR: Dt 6.4-9; Js 1.8; Sl 1.1-3, 119.105; Is 55.11; Mt 24.35; Lc 24.1-12; Jo 5.30-39; 7.37-38; Rm 15.4; 2Tm 3.16; Hb 4.12-14; 2Pe 1.21

◇◇◇◇◇◇◇ **4** ◇◇◇◇◇◇◇

A Bíblia sempre expõe verdades que nascem da vida divina. Embora os trechos que a compõem não tenham todos a mesma importância, a Bíblia, tomada na íntegra, retrata aquele que é o esplendor da glória de Deus e a imagem de sua pessoa. As Escrituras visam focalizar Cristo e fornecer contexto para que ele seja conhecido.

A menos que sejam iluminados pelo Espírito, os leitores das Escrituras se aborrecerão com o fato de elas confrontarem o mundo em que eles vivem. Porém, quando o Espírito lança luz sobre o texto bíblico, aquele que é filho de Deus reconhece e acolhe a imagem de Cristo, de cuja atenção é alvo. Essa pessoa está em santa harmonia com o mundo do qual Cristo lhe acena.

As Escrituras não revelam conjuntos de ideias soltas destinadas a confirmar nossos preconceitos subjetivos. Antes, a Palavra de Deus é o instrumento usado pelo Espírito Santo para despertar e cultivar a vida de Deus em nós. Somos regenerados pelo Espírito mediante o testemunho da Palavra.

As Escrituras e a ação do Espírito Santo nunca se contradizem, pois foi o Espírito quem preparou as Escrituras. Elas são fonte de água viva e, uma vez acionada pelo Espírito, essa fonte jorra para a vida eterna.

ABRAHAM KUYPER, A OBRA DO ESPÍRITO SANTO, VOL. 1, CAP. 4, SEÇÃO 12

Deus todo-poderoso, cuja palavra eterna nas Escrituras Sagradas contém tudo de que necessitamos para a salvação, ilumina-nos por meio do teu Espírito Santo a fim de que recebamos com gratidão infinda a imagem acolhedora de Jesus Cristo, nosso Senhor e Salvador, que vive e reina contigo e com o Espírito Santo, um só Deus, para todo o sempre. Amém.

REVERENDÍSSIMO FRANK F. LIMEHOUSE III

PARA REFLETIR: Lc 4.14-18; Jo 3.5-8; 4.23-24; 6.63; 14.16-17; Rm 8.5-11,26; 1Co 2.11-15; 5.1-5; Ef 1.13-23; 5.1-10; 1Tm 3.16; 1Jo 4.13

5

O mundo contesta nosso anseio por estar "perto de Deus" e os esforços que fazemos nesse sentido. A fim de alcançar comunhão inabalável com Deus, muitos se tornam eremitas. Isso surtiria efeito se, ao fazer tal escolha, essas pessoas fossem capazes de deixar o mundo para trás. O fato é que carregamos o mundo em nosso coração. Não há monastério cujos muros sejam tão resistentes que Satanás não consiga penetrar.

Distanciada do mundo, a vida é anormal. Torna-se tacanha, e a natureza humana fica confinada em dimensões bastante restritas. Não há demandas obrigatórias, não há vocação na esfera pública, e nenhuma das limitadas capacidades humanas é posta em exercício. Os conflitos são, em sua maioria, evitados.

Estar perto de Deus em meio ao agito das vocações terrenas resulta em maior bem-aventurança quando essa proximidade implica contraposição ao pecado e ao mundo. Saber-se "próximo de Deus" é como estar em um oásis. As pessoas que testificam mais claramente a proximidade de Deus são aquelas que o mundo insiste em procurar distanciar dele. E, mesmo nessas condições, elas mantêm seus encontros regulares com Deus.

ABRAHAM KUYPER, *ESTAR PERTO DE DEUS*, CAP. I

Deus eterno e todo-poderoso, tu nos concedes a paz, uma paz que o mundo não pode oferecer; em meio ao tumulto deste mundo combalido e transitório, ouve-nos quando clamamos por tua presença, para que nossa alma cansada volte a descansar em ti, onde nos aquietamos e sabemos que és Deus; por meio de Jesus Cristo, nosso Senhor. Amém.

REVERENDÍSSIMO FRANK F. LIMEHOUSE III

PARA REFLETIR: Sl 73; Mt 5.14-16; 9.9-13; 25.14-30; Lc 5.29-32; **Jo 14.27;** 17.15-19; Rm 12.1-2; Ef 6.10-20; Tg 2.1-13; 1Pe 2.11-17

PETER T. FORSYTH
(1848–1921)

No teólogo escocês Peter Taylor Forsyth, do início do século 20, encontramos uma pessoa para quem, a exemplo do apóstolo Paulo, tudo o que diz respeito à fé cristã provém da cruz de Cristo.

Forsyth nasceu em Aberdeen, na Escócia. Estudou nas Universidades de Aberdeen e de Göttingen. Foi em Göttingen, na Alemanha, que Forsyth recebeu forte influência do proeminente teólogo liberal Albrecht Ritschl, cujo trabalho enfatizava o poder moral do reino de Deus para a promoção do triunfo moral do espírito humano. Com o tempo, sem abandonar as sólidas contribuições de Ritschl, Forsyth abraçou uma abordagem mais clássica da doutrina cristã. Sua teologia antecipou, e em certa medida influenciou, a neo-ortodoxia (neorreformada) de Karl Barth, Emil Brunner e Dietrich Bonhoeffer.

Peter T. Forsyth pastoreou igrejas congregacionais na Inglaterra, incluindo a Emmanuel Church, em Cambridge. Em 1901, tornou-se diretor do Hackney Theological College de Londres. Forsyth foi um robusto expoente congregacional. O congregacionalismo é uma doutrina do governo eclesiástico segundo a qual os sinais distintivos da igreja — una, santa, católica e apostólica — se mostram em essência em cada congregação fiel. Para os congregacionalistas, a apostolicidade (lealdade à doutrina apostólica) é primariamente uma questão de fidelidade à fé apostólica manifesta e vivida em cada congregação. A presença de Cristo mediante o Espírito Santo e a confissão universal da igreja lhe conferem sua catolicidade.

De acordo com Forsyth, o Criador se revelou definitivamente na cruz de Jesus, não como alguém exterior à história, nem como quem a controla de forma meticulosa, mas como o Deus que, em Cristo, redime a humanidade de suas dores e tragédias tomando-as sobre si. No Cristo crucificado conhecemos a Deus e identificamos seus propósitos para a história humana, ainda que não consigamos conciliar todas as radicais expressões do mal com aquilo em que cremos acerca da soberania e do amor divinos.

6

Boa parte das pessoas dadas à reflexão concorda que o pleno bem-estar da humanidade é uma necessidade histórica e moral evidente. Contudo, se consideramos a cruz de Cristo um meio de atender a interesses pessoais mesquinhos e sectários alheios à expectativa de redenção da raça humana, como poderemos convencer tais pessoas de que a suprema carência do ser humano é a salvação por meio de Cristo? Enquanto tomarmos o reino de Deus como algo que não passa de uma extensão dos interesses financeiros de uma empresa comercial (ou seja, de uma denominação), entre tantas outras rivais, em vez de nos referirmos a Deus como suserano e senhor sobre tudo, seu reino será negligenciado em pleno combate.

O reino de Deus é a potência dominante e o destino final da história. O Filho de Deus é não apenas o Cabeça da igreja, mas também o Rei da humanidade. Ele é o pivô da história e o ponto de inflexão de toda batalha moral.

PETER T. FORSYTH, *PALESTRAS SOBRE A IGREJA E OS SACRAMENTOS*, P. 94

Deus eterno e todo-poderoso, que amaste tanto o mundo que deste teu Filho único, "para que todo o que nele crer não pereça, mas tenha a vida eterna", concede-nos sabedoria para alcançar correto entendimento acerca das coisas pelas quais seremos libertos do pecado e da morte, uma libertação que excede o resgate de todas as demais aflições que venhamos a padecer nesta vida; por meio do mesmo Jesus Cristo, nosso Senhor, que vive e reina contigo e com o Espírito Santo, agora e para sempre. Amém.

REVERENDÍSSIMO FRANK F. LIMEHOUSE III; JOÃO 3.16

PARA REFLETIR: Jo 3.16; Rm 14.13-19; 1Co 1.4-17; 15.20-28; Ef 1.21-23; 2.20-22; 4.1-7; Fp 2.10-11; Cl 1.1-20; 3.12-17; Hb 1.3; Ap 1.12-20; 19.16

7

A igreja só poderá convencer a humanidade a crer no reino de Deus se formos capazes de manifestar o reino pelo que é: o fundamento mais profundo, o princípio governante, o ápice moral, a potência espiritual dominante, a nova criação, o destino final da humanidade.

A natureza, a teologia e a mensagem da igreja devem estar em conformidade com o reino de Deus. A restauração apregoada pela igreja deve ser apresentada como imprescindível necessidade universal e moral. O verdadeiro princípio norteador da raça humana só tem sentido em Cristo — a vida do reino de Deus. O reino de Deus visa a transformação religiosa e moral de toda afeição, iniciativa e pensamento humanos, transformação essa operada pelo Espírito Santo. Embora habite a igreja, todos os dias o Espírito sai para trabalhar no mundo. A expectativa da redenção do mundo mediante o amor santo deve ocupar a mente da igreja e, então, a da humanidade.

PETER T. FORSYTH, *PALESTRAS SOBRE A IGREJA
E OS SACRAMENTOS*, P. 94-95

Ó Senhor Deus todo-poderoso, que concedeste poder divino à igreja pelo prometido dom do teu Espírito Santo, concede ao teu povo ousadia e humildade, mansidão e confiança, e acima de tudo amor santo para proclamar o caminho até o teu reino, que nos dá vitória sobre toda miséria e aflição humana, por meio da morte e ressurreição do teu Filho, que reina contigo e com o mesmo Espírito, agora e para sempre. Amém.

REVERENDÍSSIMO FRANK F. LIMEHOUSE III

PARA REFLETIR: Lc 1.46-56; Jo 6.35-40; 8.12-20; 11.25; 14.6,26; Rm 12.2; 1Co 6.19-20; Tt 2.11-15; 1Pe 1.13-23; 3.8-18; 1Jo 4.13-14

◇◇◇◇◇◇◇ **8** ◇◇◇◇◇◇◇

Quanto mais consideramos a natureza do reino dos céus, tanto mais somos impelidos a reconhecer a existência de um atuante e hostil reino do mal. Quando perdemos de vista o reino do mal, nosso apreço pelo reino de Deus diminui. A falta de crença em Satanás feriu a crença em Cristo; menosprezar o inimigo é menosprezar Aquele que alcançou vitória.

Crescer no conhecimento do reino de Deus é ampliar a noção que se tem acerca do reino de Satanás. A inofensividade da pomba deve ser acompanhada da sabedoria da serpente. A inofensividade se confundirá com ingenuidade se não vier acompanhada de astúcia suficiente para saber como o mundo funciona e conhecer sua artilharia.

A despeito de não ter poder moral nem coragem espiritual para se mostrar como figura histórica, o Maligno de fato se encarna. Ele não pode se submeter a viver as limitações humanas, nem se esvaziar na forma de servo, mas opera por meio de agentes ou culturas humanas, nos quais a perversidade passa a habitar.

O panorama final da história não virá dos historiadores, mas dos apóstolos do evangelho transformador que revela o destino da humanidade.

PETER T. FORSYTH, *PALESTRAS SOBRE A IGREJA
E OS SACRAMENTOS*, P. 90-91

Ó Deus, tu que primeiro encontraste no início da criação o maligno Lúcifer, cuja derrota definitiva foi garantida pelo Filho, que lhe esmagou a cabeça no jardim do Getsêmani, concede-nos em tua misericórdia que, à medida que crescemos em estatura, em sabedoria e em teu amor, nós também nos mantenhamos sóbrios e vigilantes de nosso adversário, o diabo, que "anda como um leão" rugindo à nossa volta, "à procura de alguém para devorar". Isso te pedimos em nome de Jesus Cristo, nosso Senhor. Amém.

REVERENDÍSSIMO FRANK F. LIMEHOUSE III; 1PEDRO 5.8

PARA REFLETIR: Mt 10.16; 12.22-32; Jo 8.44; 12.30-36; Rm 8.38; Ef 2.1-10; 6.10-12; Cl 1.13-14; 2Ts 2.1-12; Hb 1.3; **1Pe 5.8;** Ap 20.1-6

◇◇◇◇◇◇ **9** ◇◇◇◇◇◇

Não se pode apreender o significado do reino de Deus sem a compreensão do mal que se opõe à santidade divina e sem uma experiência redentora que claramente evidencie a maldade. O reino de Deus não deve ser confundido com civilização ou cristandade. Ele não vem a nós por intermédio de uma igreja religiosamente respeitável, mas mediante guerra contra espíritos malignos nas regiões celestiais. O reino se estabelece em meio à crise — arrependimento e redenção —, não em meio à formação intelectual.

O reino satânico se baseia na divisão e corrói tanto estratégias culturais quanto métodos educacionais bem estabelecidos. Na verdade, ele incorpora essas coisas às suas engrenagens. O maior golpe à civilização organizada é uma organização moralmente decadente. É contra esse poder e essa ruptura que a majestade de Deus, e somente ela, atua.

O reino do mal não consiste em mera desordem ou degradação; ele implica hostilidade ativa. A salvação é o poder ordenador daquilo que é santo; é o reino de Deus, o reino do Santo Pai.

PETER T. FORSYTH, *PALESTRAS SOBRE A IGREJA E OS SACRAMENTOS*, P. 91

Pai celestial, Deus todo-poderoso, cujo Filho foi tentado por Satanás durante quarenta dias no deserto e não pecou, concede-nos saber que "não lutamos contra inimigos de carne e sangue, mas contra governantes e autoridades do mundo invisível, contra grandes poderes neste mundo de trevas e contra espíritos malignos nas esferas celestiais", e que, fracos que somos, devemos vestir "toda a armadura de Deus", a fim de resistirmos "ao inimigo no tempo do mal" e sermos "fortes no Senhor e em seu grande poder". Assim oramos no nome de Jesus Cristo, nosso Senhor, que reina para sempre contigo e com o Espírito Santo. Amém.

REVERENDÍSSIMO FRANK F. LIMEHOUSE III; EFÉSIOS 6.10-20

PARA REFLETIR: Mt 12.25-30; 18.18-20; Rm 8.31-39; 2Co 10.3-5; 11.12-15; **Ef 6.10-20;** Cl 2.13-15; 1Ts 5.6; Tg 4.7; 1Pe 5.8; 1Jo 5.4-5; Ap 17.1-18

◇◇◇◇◇◇ **10** ◇◇◇◇◇◇

Igreja una, santa, católica e apostólica — isso soa como um belo verso de poesia, uma sublime frase musical. Parte de nossa responsabilidade como cristãos é evitar que essas nobres palavras sejam alvo de monopólio de um segmento da igreja, qualquer que seja ele. O espírito de monopólio é um espírito sectário.

A verdadeira catolicidade e a verdadeira sucessão apostólica consistem na continuidade do evangelho em sua potência criativa, auto-organizada e autorrenovada. O apostolado é alicerce da igreja, caracterizado principalmente pelo evangelho e paramentado com a sucessão evangélica da fé. Por seu evangelho, Deus sempre levanta filhos de Abraão e sucessores de Pedro e de Paulo em Betéis desconhecidas, ainda que bispos não os reconheçam e sacerdotes os ignorem.

A real unidade da igreja é aquela que reflete a íntima unidade do evangelho que a originou. A unidade da igreja possibilita diversas expressões institucionais destinadas ao serviço do evangelho criativo.

PETER T. FORSYTH, *PALESTRAS SOBRE A IGREJA*
E OS SACRAMENTOS, P. 42-44

Deus Todo-poderoso, que edificaste a igreja sobre o fundamento dos apóstolos e dos profetas, sendo o próprio Jesus Cristo a pedra angular, concede-nos ser unidos em um só espírito por esse ensinamento, para que nos tornemos templo aceitável a ti; por meio de Jesus Cristo, nosso Senhor, que vive e reina contigo e com o Espírito Santo, um só Deus, agora e para sempre. Amém.

"PRÓPRIO 8", TEMPO POSTERIOR AO PENTECOSTES,
COLETAS: CONTEMPORÂNEAS, LOC

PARA REFLETIR: Jo 17.6-26; 1Co 10.17; Ef 1.15-23; 4.4-5; Cl 1.15-20,24-29; 1Tm 3.15; 4.1-16; 6.2b-16; Tt 2.1-2,1-15;3.3-11; Jd 1.17-23

11

Qual é a verdadeira religião? Não é a que contém mais doutrinas, mas aquela que, uma vez em oração e em louvor, dá conta de si mais intensamente. Na oração, nossa verdade mais íntima se entrelaça à verdade mais íntima de Deus. Abandonamos as ilusões criadas pelos sentidos, pelo eu e pelo mundo. A oração manifesta uma Pessoa viva na unidade, na vida e em toda a criação.

Orar é a melhor maneira de apropriar-se do ouro puro de Deus à medida que ele intenciona e o Espírito age. A verdadeira oração cristã descarta a ilusão de que o esforço humano e o entusiasmo religioso podem cumprir a obra do reino de Deus.

A oração extingue o autoengano e produz uma clara perspectiva espiritual. Ela nos liberta da pressão da autossuficiência. O Senhor, nosso médico, nos oferece o elixir da humildade. Quando Deus vem a nós, o pecado da autoconfiança é abalado; nossos pilares estremecem como plantas frágeis sopradas pelo vento. Deus refina e fortalece nossa fé.

Peter T. Forsyth, *A ALMA DA ORAÇÃO*, cap. I

Concede-nos, ó Deus, nós te rogamos, uma avidez intensa pela verdadeira religião, para que, recebendo em oração o elixir da humildade, nós nos tornemos puros de coração e mansos de espírito, adorando-te em espírito e em verdade, pois são a estes que tu buscas para te adorarem; por meio de Jesus Cristo, nosso Senhor, que vive e reina contigo e com o Espírito Santo, um só Deus, por toda a eternidade. Amém.

Reverendíssimo Frank F. Limehouse III

PARA REFLETIR: Ec 12.13; Mt 6.9-13; 7.21; 13.44-46; Ef 5.11-16; 6.10-21; Cl 3.12-17; 1Tm 3.1-9; Tg 1.26-27; 1Pe 2.1-25

Nossa comunhão com Deus em Cristo se formou e se consolidou em meio a uma crise que abalou terra e céus, uma batalha e uma vitória mais amplas, impressionantes e promissoras que quaisquer outras. A oração que nos leva a um profundo entendimento da crise da cruz também nos põe em vantagem quanto à compreensão das derrotas e vitórias registradas na história humana e quanto ao reconhecimento de que é o Deus soberano quem governa espírito e consciência quando tudo o mais é barulho e ruína.

Se a paciência demanda uma mente disciplinada, o entendimento do mistério da cruz requer disciplina ainda maior. Nessa condição, o reino de Deus se estabelece como verdade reinante no universo. E isso não está atrelado ao fim das civilizações, mas ao nascimento na cruz e ao batismo com fogo.

A oração correta — feita com o coração, a alma, a força e o entendimento — pode fazer qualquer pessoa ou comunidade tomar parte no poder soberano que determina a história e está no cerne da criativa e restauradora graça da cruz; isso é o que verdadeiramente manifesta a onipotência de Deus no mundo.

PETER T. FORSYTH, A ALMA DA ORAÇÃO, CAP. 4

Ó Pai celestial, tu és aquele cuja "mensagem da cruz é loucura para os que se encaminham para a destruição", mas para nós que estamos sendo salvos é o poder do teu reino; cria em nós mente e conduta disciplinadas, a fim de que penetremos o mistério da cruz e encontremos nada menos que o caminho de vida e paz, por meio daquele que foi crucificado em nosso lugar, Jesus Cristo, teu Filho, nosso Senhor. Amém.

REVERENDÍSSIMO FRANK F. LIMEHOUSE III, 1 Coríntios 1.18

PARA REFLETIR: 1Cr 29.11-12a; Is 14.24-27; Jo 3.14; 8.28; 12.32; Rm 11.33-36; **1Co 1.17-31**; Ef 2.1-22; Cl 1.9-29; 1Tm 6.14-16; Hb 12.1-2; 13.20-21

13

É preciso honrar aquilo que nosso Senhor conquistou na cruz, e devemos fazê-lo não apenas sob a forma de admiração ou gratidão, mas rendendo-nos a ele e reconhecendo nossa desonra. O preço de nos tornarmos novas criaturas foi a morte de Cristo na cruz. Isso aconteceu não para que estabelecêssemos uma entediante amizade com ele, mas para que fôssemos transformados de inimigos de Deus em filhos de Deus. O amor a Deus não deriva de algo latente em nós; antes, o Espírito Santo é quem nos enche o coração desse amor. Isso nada tem que ver com dedicar a Deus um pouco de boa vontade. A morte de Cristo trata de nosso pecado, não de nossa apatia; trata de nossa conduta hostil, não de nossa passividade entediante.

Um cristianismo superficial não combaterá a hostilidade humana contra Deus. Otimistas frívolos que desejam prescindir do sangue da cruz acreditam ser possível ignorar isso.

O coração pecaminoso se agarra ao último fiapo de respeito próprio. Nós só soltamos esse fiapo quando, em fé obediente, rendemos todo o nosso ser a Deus, que nos toma por inteiro para si.

PETER T. FORSYTH, *A OBRA DE CRISTO*, CAP. I

Ó Senhor, nosso Pai celestial, cujo Filho se dispôs a ser enviado a Jerusalém a fim de sofrer morte vergonhosa na cruz para nos redimir, concede a nós, teus servos indignos, um coração humilde e grato, pois por tão preciosa morte ele nos tornou novas criaturas; não somos mais filhos da ira, mas filhos de Deus; não mais teus inimigos, mas herdeiros de teu reino celestial. Assim oramos em nome de nosso Salvador, Jesus Cristo, nosso Senhor, que vive e reina contigo e com o Espírito Santo, um só Deus, agora e para sempre. Amém.

REVERENDÍSSIMO FRANK F. LIMEHOUSE III

PARA REFLETIR: Mt 6.24-27; 7.21-23; Jo 15.1-7; **Rm 5.5**; 1Co 6.19-20; Gl 2.20; 5.13-25; 6.7-10; Fp 2.12-16; 3.7-11; Cl 1.10-12; Hb 10.22-23

Se a essência de Deus está em sua santidade, é igualmente essencial que ele seja juiz do que não é santo. A dignidade humana é mais bem assegurada se somos quebrantados em juízo pela santidade divina do que se, em hipótese, Deus ignorasse sua santidade e nos deixasse à mercê de nós mesmos. A santa ordem de Deus é tão essencial para o bem-estar da humanidade quanto é para o bem-estar divino. É por isso que a santidade de Deus foi satisfeita por Cristo de maneira igualmente santa na cruz, promovendo uma nova — restaurada e reconciliada — humanidade. Qualquer forma de cristianismo que omite o santo julgamento de Deus contra o pecado contribui para a degradação humana. Quando se reduz a santidade divina, a salvação deixa de existir e a dignidade humana se esvai.

O evangelho que anunciamos é aquele que decide o destino eterno da humanidade. A menos que a santidade esteja estabelecida na prática de forma adequada, não pode haver verdadeira, profunda, permanente mudança no pecador ou neste mundo alienado.

Foi isso o que Cristo realizou na cruz. A morte-julgamento de Cristo instituiu o verdadeiro e presente reino de santidade, uma verdade mais fácil para a fé ver do que para a teologia explicar.

Peter T. Forsyth, A obra de Cristo, cap. 4

Pai celestial, só tu és santo, e teus caminhos, ó Deus, são santos, e santo é teu nome; concede a nós, pecadores, um piedoso temor do teu reto juízo e um coração plenamente grato por nos vestires da retidão de teu Filho, para que nos apresentemos santos e inculpáveis diante de ti, por meio de Jesus Cristo, que reina contigo e com o Espírito Santo, um só Deus, agora e para sempre. Amém.

Reverendíssimo Frank F. Limehouse III

PARA REFLETIR: Sl 36.6; Is 5.16; 6.1-5; 47.4; 57.15; Mt 7.21-23; At 10.34-43; 2Co 7.1; Ef 1.4; 2Tm 4.1-5; 1Pe 1.14-16; 2Pe 1.2-8

JAMES DENNEY
(1856–1917)

Uma coisa é os descrentes se melindrarem pela morte de Cristo; outra coisa bem diferente é os cristãos manifestarem o mesmo melindre e oferecerem em vez disso um pseudoevangelho desprovido da necessidade e do significado da morte de Jesus. Decidido a restituir à morte expiatória de Jesus seu lugar normativo, conforme proclama o Novo Testamento, o teólogo escocês James Denney enfrentou esse "constrangimento" moderno. A igreja é constantemente tentada a esquivar-se da morte de Cristo ou distorcê-la. Todavia, Denney insistiu que nenhuma teologia alegadamente cristã pode propor um substituto para a cruz. E, para se convencer disso, é preciso ser igualmente convencido de que a unidade e a autoridade neotestamentárias são aspectos intrínsecos à fé, e não meras arbitrariedades impostas pela igreja primitiva. O Novo Testamento foi que "impôs sua unidade à mente cristã", e não o contrário (*A morte de Cristo*, introd.).

James Denney nasceu em Paisley, próximo de Glasgow. Seu pai, um leigo, seguia rigorosamente os preceitos do presbiterianismo reformado (também chamado de Igreja Presbiteriana Cameroniana). Em 1879, Denney formou-se na Universidade de Glasgow com expressivas honrarias e, em 1883, graduou-se em teologia na United Free Church College. Em 1886, tornou-se pároco da East Free Church em Broughty Ferry. Ali conheceu Mary Brown, com quem se casaria. Mary ensinou a Denney sobre compaixão e o ajudou a direcionar sua produção teológica para convicções evangélicas que marcariam sua pregação, sua didática e seus escritos. Em 1897, Denney voltou à United Free Church College, agora como professor de teologia sistemática; mais tarde, deu aulas sobre linguagem, literatura e teologia neotestamentárias. Suas obras completas, organizadas em quinze volumes, dão testemunho de sua vasta produção, sendo *A morte de Cristo* (1902), a mais significativa.

◇◇◇◇◇◇ **15** ◇◇◇◇◇◇

Em tudo o que realiza, Cristo é o agente encarnado do Pai. Pai e Filho atuam juntos na obra de redenção da humanidade. Isso se manifesta quando a obra de Cristo é descrita como obediência ao Pai, até a morte na cruz. Cristo obedece ao chamado para ser Redentor, e sua obediência não consiste apenas em "fazer a vontade de Deus" como nós somos chamados a fazer— isto é, a guardar os mandamentos divinos. Em vez disso, o Filho se sujeitou obedientemente a uma vocação singular e indizível, que lhe custou a própria vida: tornar-se o Salvador do mundo.

A obediência de Cristo ao Pai é o que possibilita a grande demonstração de amor de Cristo pela humanidade. Como disse o apóstolo: "Ele me amou e se entregou por mim". A resignação que a morte de Cristo evoca nos crentes é uma resignação a Deus. É neste instante — no entendimento da obediência de Cristo — que nos convencemos de sua divindade. A expiação é a obra de Deus. A alma conquistada para Deus é alcançada por intermédio da obediência de Cristo na condição de Deus encarnado.

JAMES DENNEY, *A MORTE DE CRISTO*, CAP. 3

Nosso Pai celestial, tu enviaste teu Filho ao mundo para salvar os pecadores; sim, ele "veio em forma humana, humilhou-se e foi obediente até a morte, e morte de cruz"; nós te rogamos, agora, que nos afastes do caminho de desobediência e morte e nos conduzas para o caminho de obediência que leva à retidão resultante da fé; por meio de Jesus Cristo, nosso Salvador, que vive eternamente contigo e com o Espírito Santo. Amém.

REVERENDÍSSIMO FRANK F. LIMEHOUSE III, FILIPENSES 2.7-8

PARA REFLETIR: Sl 40.7-9; Mt 27.40-42; Lc 22.39-46; 23.35-37; 24.25-27; Jo 4.34; 12.44-50; 17.6-19; **Rm 5.18-21; Gl 2.20; Fp 2.5-8;** Hb 4.14-16; 5.7-10; 10.7

PANDITA RAMABAI
(1858–1922)

A história de Pandita Ramabai descreve como Deus nos guia pacientemente à fé. Ramabai nasceu em uma família de alta casta do hinduísmo brâmane e foi instruída nos Puranas (textos religiosos hindus). O pai de Ramabai, um reformador social, achava que as mulheres deveriam frequentar a escola. Quando Ramabai tinha 13 anos, seus pais adoeceram, sua irmã morreu e, para completar, uma crise de fome se espalhou por toda a Índia. A família se alimentava de plantas silvestres e, vez ou outra, de algumas frutas. Enfraquecidos, a mãe e o pai de Ramabai acabaram falecendo, não sem que antes ele exortasse a moça a servir aos deuses hindus. Entretanto, em total carência, ela e seu irmão perdiam a fé no hinduísmo.

A caminho de Calcutá, brâmanes de alta casta que eram, foram acolhidos por sacerdotes hindus. Estes, surpresos ao ouvir Ramabai ler os Puranas em sânscrito, chamaram-lhe *Pandita* (estudiosa). Mas, embora prosseguisse no estudo dos Puranas, ela não tinha paz com Deus. Por fim, desacreditou totalmente da fé hindu. Depois da morte do irmão, Ramabai casou-se com um integrante de uma casta mais baixa, relação da qual nasceu uma bela menina, Manorama. Certo dia, Ramabai encontrou uma cópia do evangelho de Lucas ofertada ao seu esposo por uma escola missionária. O marido de Ramabai permitiu que ela recebesse de um missionário explicações sobre o evangelho, mas não que se tornasse cristã. Dezoito meses após o casamento, o marido morreu. Sem ter onde morar, Ramabai seguiu para a região onde nascera, levando a filha consigo. Ali, começou a estudar inglês.

Certo dia, uma menina viúva e desabrigada (há garotas de apenas 8 anos nessas condições) bateu à porta de Ramabai, que, então, descobriu sua missão: fundar um lar para meninas viúvas. Contudo, carecendo de recursos financeiros, Ramabai se viu em desespero. Foi quando uma missionária inglesa que estava prestes a voltar para seu país convidou Ramabai e Manorama para que fossem com ela.

Já na Inglaterra, Ramabai acompanhou uma irmã de misericórdia em visita a um lar para mulheres abandonadas. Ali, Ramabai foi tomada pelo amor de Cristo, manifesto pelo modo como as irmãs se dedicavam àquelas mulheres. Completava-se o longo trajeto de Ramabai até Jesus.

◇◇◇◇◇◇ **16** ◇◇◇◇◇◇

Nossos pais confiavam de maneira irrestrita nos livros hindus e nos incentivavam a buscar o auxílio dos deuses. Os escritos sagrados afirmavam que toda pessoa que adorasse as divindades corretamente, ofertasse aos brâmanes, repetisse o nome dos deuses certos e os louvasse com cânticos, além de praticar o jejum e as penitências, não somente veriam esses deuses e deusas como também falariam com eles. Decidimos trilhar esse caminho a fim de sanar as carências que então enfrentávamos. Por três anos, cumprimos diligentemente nossas obrigações religiosas. No fim das contas, havíamos entregado aos deuses todo o dinheiro de que dispúnhamos. Eles, porém, não nos ajudaram.

Padecemos de fome. Em todo lugar à nossa volta havia pessoas famintas, e nós, como todo pobre, perambulávamos de uma região para outra. Em poucos meses, um de cada vez, meus pais e minha irmã morreram de inanição.

Meu irmão e eu sobrevivemos e continuamos caminhando, visitando templos, banhando-nos em rios, adorando deuses e deusas. Cumprimos todas as orientações prescritas nos livros sagrados, mas as divindades não se agradaram de nós.

Pandita Ramabai: Visão, missão e triunfo da fé, cap. 2

Deus misericordioso, que criaste todas as pessoas da terra e que amas as almas, tem compaixão dos que não te conhecem conforme tua revelação em teu Filho Jesus Cristo; faz que teu evangelho seja proclamado com graça e poder àqueles que ainda não o ouviram; move o coração dos que se mostram resistente às tuas boas-novas; e traz de volta ao teu aprisco os que se perderam, a fim de que haja um só rebanho, conduzido por um só pastor, Jesus Cristo, nosso Senhor. Amém.

"Coletas solenes", Sexta-Feira Santa, LOC

PARA REFLETIR: Sl 63.1; 96.5; Is 40.12-26; 55.1-2; Jr 29.13; Mt 5.6; Jo 4.13-14; 6.33-35; 7.37-38; Ap 22.17

Após anos cultuando deuses hindus em vão, começamos a perder a fé neles e nos textos sagrados. Contudo, continuamos a honrar as regras de nossa casta, a honrar as divindades e a estudar. Meu irmão e eu íamos de um lugar a outro, visitando muitos templos, banhando-nos em rios, jejuando e fazendo penitências, adorando deuses, animais e brâmanes. Em 1878, chegamos a Calcutá, depois de andar mais de seis mil quilômetros. Nesse percurso, a fé em nossa religião se esfriou.

Em Calcutá, tivemos nosso primeiro contato com cristãos. Observávamos seus modos com curiosidade, mas não entendíamos o que faziam. Eles se ajoelhavam diante de cadeiras, fechavam os olhos e ficavam falando. Disseram-nos que era assim que oravam a Deus. Porém, como não conseguíamos ver a quem prestavam culto, pensávamos que estavam orando para as cadeiras. Afáveis, eles me deram uma cópia da Bíblia escrita em sânscrito. Gostei da aparência do tal livro, e tentei lê-lo. Todavia, não entendi nada do que li e acabei achando que aquilo era perda de tempo.

Pandita Ramabai: Visão, missão e triunfo da fé, caps. 2—3

Deus eterno, cujo anseio é que povos de toda língua e nação se acheguem a ti por meio do teu Filho Jesus Cristo, o qual veio ao mundo para buscar e salvar o perdido, concede que sejamos testemunhas amáveis de Jesus e dá-nos sabedoria para usar adequadamente as Escrituras Sagradas, pois elas contêm tudo o que é necessário para a salvação. Faz assim para que, no tempo aceitável a ti, "todo joelho se dobre" e "toda língua declare que Jesus Cristo é Senhor", aquele que reina contigo e com o Espírito Santo para toda a eternidade. Amém.

Reverendíssimo Frank F. Limehouse III, Filipenses 2.10-11

PARA REFLETIR: Lc 19.10; At 8.25-39; 14.5-18; Rm 1.18-23; 1Co 8.4; Fp 2.1-11; Ap 7.9

18

Eu já havia perdido a fé em minha antiga religião. Eu tinha lido os Dharma Shastras [que explicam a lei hindu] e outros livros hindi. Concluíra então que há duas coisas em que os textos hinduístas concordam. Em primeiro lugar, que as mulheres, como grupo, são más, muito más, piores que os demônios. Segundo, que a única maneira de as mulheres alcançarem *moksha* [libertação dos ciclos de reencarnação] é devotando-se ao marido com coração abnegado.

Naquele meio-tempo, meu irmão morreu. Então, aos 22 anos, tendo perdido toda a confiança na religião de meus ancestrais, casei-me com um bengalês da casta sudra. Ele veio a morrer de cólera apenas dois anos depois do casamento. Antes de seu falecimento, descobri, entre meus livros, uma cópia do Evangelho de Lucas. Li com grande interesse. Nesse período, eu recebia a visita do sr. Allen, um missionário batista que me explicou o evangelho e me ensinou sobre o primeiro capítulo de Gênesis, relato no qual fiquei bastante interessada.

Totalmente descrente da religião que outrora professara, dediquei-me com afinco ao estudo de tudo de que dispunha acerca do cristianismo e manifestei minha intenção de me tornar cristã.

Pandita Ramabai: Visão, missão e triunfo da fé, cap. 3

Deus eterno e todo-poderoso, tu nos ensinaste que "não há mais judeu nem gentio, escravo nem livre, homem nem mulher", pois todos "são um em Cristo Jesus"; capacita a igreja de Cristo espalhada pelo mundo a proclamar a libertadora verdade do evangelho, a saber, que não há ninguém que não esteja ao alcance do teu abraço redentor por meio de Jesus Cristo, nosso Senhor, que vive para sempre contigo e com o Espírito Santo. Amém.

Reverendíssimo Frank F. Limehouse III, Gálatas 3.28

PARA REFLETIR: Lc 7.36-50; 15.3-7; 18.12-14; 19.1-10; Jo 6.44; 10.11; **Gl 3.28**; Ef 2.5; Cl 1.13; 2.13; 2Pe 3.9

◇◇◇◇◇◇ **19** ◇◇◇◇◇◇

Minha decisão de ser batizada e me tornar cristã deixou meu esposo enfurecido. Ele disse que ordenaria ao missionário Allen que nunca mais nos visitasse. Como seria se meu marido não tivesse morrido? Dominada por uma intensa fome espiritual, mudei-me para Poona, onde convivi com a srta. Hurford, missionária cristã da Casa de Santa Maria. Naquela época, eu me empenhava na leitura o Novo Testamento.

Em 1883, fui estudar na Inglaterra, onde fui recebida pelas bondosas irmãs de Wantage. Elas começaram a me ensinar assuntos seculares e também religiosos. Certa vez, a madre superiora me enviou em visita a uma das comunidades das irmãs em Londres. Ali, observei o trabalho de resgate que realizavam. Conheci mulheres cuja vida fora completamente transformada e que se enchiam do amor e da compaixão de Cristo diante do sofrimento humano. Aquelas mulheres escolheram dedicar-se ao serviço ao doente e ao enfermo. Pela primeira vez, eu soube que algo pode e deve ser feito para redimir as ditas mulheres caídas. Vi que os cristãos — a quem os hindus consideravam párias e perversos — eram bondosos para com mulheres então vistas pela sociedade como irremediavelmente degeneradas.

PANDITA RAMABAI: VISÃO, MISSÃO E TRIUNFO DA FÉ, CAPS. 3—4

Ó Pai celestial, que pelo Espírito ungiste teu Filho para "trazer as boas-novas aos pobres" e "anunciar que os cativos serão soltos, os cegos verão e os oprimidos serão libertados", dá à tua igreja um coração servil que se compadece do pobre, do caído, do faminto, do oprimido e de todo o que enfrenta tribulação e fardo pesado, para que, desse modo, façamos teu Filho conhecido por eles, a fim de que desfrutem a esperança viva que não decepciona. Assim oramos humildemente por meio do mesmo Filho, Jesus Cristo, que reina contigo e com o Espírito Santo para todo o sempre. Amém.

REVERENDÍSSIMO FRANK F. LIMEHOUSE III; LUCAS 4.18

PARA REFLETIR: Mt 7.12; 9.36-38; **Lc 4.18**; 10.25-37; Fp 4.8; Cl 3.12; Tg 1.27; 2.1-7; 1Pe 3.8

Depois de visitar a Casa das Irmãs em Fulham, comecei a ver a enorme diferença entre o hinduísmo e o cristianismo. Perguntei à irmã que me orientava: "Por que os cristãos cuidam de mulheres 'caídas' e as ajudam a se recuperar?". Então ela leu para mim a história do encontro de Cristo com a mulher samaritana, que ouviu palavras maravilhosas acerca da "água da vida". A irmã me contou sobre o infinito amor de Cristo pelos pecadores, afirmando que ele veio para redimi-los, não para desprezá-los. Eu nunca havia lido nada parecido nos livros religiosos hindus. Ao ler o capítulo 4 do Evangelho de João, dei-me conta de que Cristo de fato é o Salvador divino que afirmou ser. Ninguém além dele poderia transformar e levantar mulheres oprimidas, fossem elas indianas, fossem de qualquer outra nacionalidade.

Meu coração foi atraído para a religião de Cristo. Fui convencida intelectualmente de sua verdade e, em 1883, submeti-me ao batismo. Fiquei muito feliz e senti enorme satisfação por ter encontrado uma religião muito melhor que as outras de que tinha conhecimento. Minha fome espiritual foi saciada pela Bíblia cristã.

Pandita Ramabai: Visão, missão e triunfo da fé, cap. 4

Ó Senhor, nosso Pai celestial, cujo Filho de infinito amor pelos pecadores prometeu água viva a toda mulher e todo homem de todo lugar, dá-nos uma sede que nos remeta à preciosa fonte de onde jorram transformação e redenção, por meio de Jesus Cristo, nosso Salvador. Amém.

Reverendíssimo Frank F. Limehouse III

PARA REFLETIR: Is 61.1-2; Mt 11.16-19; Lc 4.18; 5.24; 7.31-34; 15.1-4; 19.1-10; **Jo** 3.16; **4.1-35;** Ef 1.3-10

Após ter sido batizada, estudei sobre o cristianismo durante cinco anos. Nesse tempo, debati-me com questões de difícil compreensão intelectual. Eu queria algo que fosse além da mera religião. Eu havia encontrado o cristianismo, mas não conhecia a Cristo.

Depois de voltar para a Índia, parei de ler sobre a Bíblia e passei a ler a Bíblia, somente ela. Um dia, tive de resolver algumas coisas na Bombay Guardian Mission Press e ali acabei deparando com um exemplar de *Da morte para a vida*, escrito por um clérigo anglicano. Esse clérigo fora exortado por certo pároco, que o instruiu a parar de tentar construir seu conhecimento de cima — isto é, do intelecto — para baixo. O clérigo sabia muito acerca do cristianismo, mas não havia nascido de novo. Essa era a minha condição; eu precisava de Cristo, e não apenas de sua religião. Eu havia falhado em reconhecer que o que torna alguém cristão é o renascimento por meio do Espírito Santo. Nada em mim apontava para um testemunho do Espírito que assegurasse ser eu uma filha de Deus.

Então, rendi-me incondicionalmente a Jesus. Foi como uma sala escura invadida pela luz. Cheia de alegria, eu me levantei e comecei a saltar e a louvar a Deus.

Pandita Ramabai: Visão, missão e triunfo da fé, caps. 4—5

Deus todo-poderoso, cujos servos são facilmente tentados a amar a igreja e as coisas da igreja mais que ao Senhor da igreja, e a exaltar os floreios da adoração mais que ao objeto da adoração, purifica, por teu Santo Espírito, o amor e a adoração que saem de nosso interior, para que, tendo nascido de novo, ofereçamos amor, adoração e louvor agradáveis a ti, Pai, Filho e Espírito Santo. Amém.

Reverendíssimo Frank F. Limehouse III

PARA REFLETIR: Jo 1.12; 3.1-15; 6.50.71; At 2.38-39; Rm 6.3-4; 2Co 5.17; Tt 3.5; 1Pe 1.3,23; 1Jo 1.9

WALTER RAUSCHENBUSCH
(1861–1918)

Não há no cristianismo norte-americano movimento mais mal-compreendido que o do evangelho social, que surgiu no final do século 19 e floresceu no início do século 20. Todavia, obtém-se clareza ao examinar o trabalho e os escritos de Walter Rauschenbusch, ministro batista e formulador do evangelho social que "tipificou a paixão e a alma" desse movimento. "Praticamente todos os fundamentos do evangelho social [...] se manifestaram em suas obras. [...] Depois de uma análise criteriosa, Rauschenbusch chegou à conclusão de que a ordem social norte-americana deixava a desejar. Ele suscitou a compaixão diante do sofrimento humano e propôs mudanças realistas" (Ahlstrom, *Religious History*, p. 800).

Rauschenbusch nasceu em Rochester, no estado de Nova York, onde — excetuando os anos colegiais na Alemanha — recebeu a maior parte de sua formação acadêmica. O motor que impulsionou seu compromisso com um evangelho de cunho social foi acionado durante o período de onze anos (1886–1897) no qual foi ministro em uma congregação localizada perto da Hell's Kitchen [Cozinha do Inferno], bairro de Nova York à época bastante violento, caracterizado por pobreza, gangues de rua, imigrantes irlandeses e cortiços enfileirados. "A contínua procissão de homens 'desprovidos de emprego, de roupas, de sapatos e de esperança' [...] assolou o coração daquele jovem e sensibilizado pastor, assim como o de sua esposa" (Hopkins, *Rise of the Social Gospel*, p. 816). A dedicação de Rauschenbusch ao evangelho social iniciou quando ele promoveu uma campanha para que na região houvesse "praças mais seguras e melhores condições de habitação" (Ahlstrom, *Religious History*, p. 801).

No aspecto teológico, Rauschenbusch era liberal, posicionamento que fomentou sua confiança nos contornos socialmente redentores do reino de Deus. Tinha firme consciência do poder do reino do mal para causar estragos em indivíduos e instituições sociais. Rauschenbusch foi movido pela convicção de que Cristo traz juízo e cura às esferas pessoais e coletivas da vida humana. Ele "superou a apatia e o pessimismo com uma inspiradora visão do reino [de Deus]" (Ahlstrom, *Religious History*, p. 800).

◇◇◇◇◇◇◇ **22** ◇◇◇◇◇◇◇

Jesus amava prontamente todo tipo de pessoa e era muito atento ao aspecto sagrado da personalidade humana. Para ele, deformidade física e lapso moral não obscurecem o valor divino inerente à vida humana. Levar alguém a tropeçar e cair ou expressar desprezo por quem quer que seja — independentemente de religião ou condição social — implica culpa diante de Deus. A deferência de Jesus pela vida humana era tão intensa que determinou sua visão, suas ações e seu caminho até a cruz.

De onde veio a profética e criativa convicção de Jesus? As mentes refinadas do mundo antigo se baseavam em volume de riqueza, posição social, poder, escolaridade e aparência para determinar o valor de alguém. Mas Jesus não dependia de nada disso para valorizar as pessoas. Por quê?

Porque ele conhecia o valor da vida humana para Deus e o propósito divino para cada indivíduo. O conhecimento de Jesus sobre o Deus de amor revelou a dignidade de todas as pessoas. Os antigos deuses pagãos não passavam de imitações míticas de conquistadores e reis humanos; o Pai de nosso Senhor e Salvador é aquele que faz o sol brilhar sobre justos e injustos.

WALTER RAUSCHENBUSCH, *OS PRINCÍPIOS SOCIAIS DE JESUS*, PARTE I, CAP. I

Pai celestial, cujo Filho bendito, nosso Salvador, veio ao mundo anunciar boas-novas a pecadores, enfermos, pobres, cativos, cegos e oprimidos, concede-nos que, à medida que crescemos no conhecimento e no amor de Cristo, cresçamos também na semelhança dele, com coração compassivo para com os que não atendem aos critérios mundanos de riqueza, posição social, poder, escolaridade ou aparência. Assim oramos por meio do próprio Filho, Jesus Cristo, nosso Senhor. Amém.

REVERENDÍSSIMO FRANK F. LIMEHOUSE III

PARA REFLETIR: Am 5.14-15,21-24; Mc 2.1-2; **Mt 5.43-48;** 6.25-33; Mc 2.13-17; **Lc 4.18;** 7.36-50; Jo 15.12-17; Cl 3.12-17; Tg 1.19-25; 2.1-13; 3.13.18; 5.1-6

No ministério de Jesus, aqueles a quem a sociedade considerava "baixos" tornavam-se "altos" na avaliação divina. O servo seria o maior no reino de Cristo. Em vez de excluir as pessoas tidas como social e religiosamente desqualificadas, Jesus as curava e as restituía à vida comunitária.

Jesus transmitiu a seus discípulos algo que ele mesmo estimava na sacralidade humana. Acaso houve algum movimento de larga escala, consistente e bem-sucedido na luta por justiça social que não tenha sido influenciado pelo cristianismo? E o que dizer da importância do reavivamento wesleyano entre os pobres no que se refere à formação de líderes efetivos e à confiança na democracia? O amor pelas pessoas, todas elas, tornou-se um dogma social da igreja. Os cristãos em nosso meio que mais genuinamente personificam o espírito de Jesus são conhecidos por sua terna reverência pela vida humana, ainda que outros a considerem arruinada. Hoje, os cristãos devem se perguntar: "Nossas empreitadas intelectuais e científicas porventura subvertem o valor que atribuímos às pessoas?". Devemos nos empenhar em preservar o resplendor da amorosa e inventiva postura de Cristo para com toda gente.

WALTER RAUSCHENBUSCH, *OS PRINCÍPIOS SOCIAIS DE JESUS*, PARTE I, CAP. I

Pai celestial, Deus eterno e todo-poderoso, cujo Filho tornou conhecido que muitos dos considerados últimos no reino do mundo serão os primeiros em teu reino, e que a salvação dos cobradores de impostos e das prostitutas que nele cressem precederão a dos piedosos, ajuda-nos a ver que, embora venhamos a dizer: "Sou rico e próspero, não preciso de coisa alguma", somos, na verdade, infelizes, miseráveis, pobres, cegos e nus. Abre nossos ouvidos a fim de que recebamos as boas-novas a nós proclamadas. Assim pedimos por meio de Jesus Cristo, nosso Senhor e Salvador. Amém.

REVERENDÍSSIMO FRANK F. LIMEHOUSE III; APOCALIPSE 3.17

PARA REFLETIR: Mt 20.26-28; Mc 9.35; 10.43-44; Lc 1.46-56; 14.7-11,13,21; 22.26-27; Jo 13.2-17; Tg 2.2-4; **Ap 3.17**

24

"Observem como crescem os lírios do campo. Não trabalham nem fazem roupas." Eis uma canção sobre despreocupação divina, mas não o tipo de despreocupação do vagabundo carente de respeito próprio e da habilidade de planejar o futuro. Jesus está se referindo à despreocupação que caracteriza o espírito nobre ciente de que sua dignidade vem de Deus. Se Deus concede vida, acaso não proverá aquilo que nos mantém vivos? Se os pássaros e os lírios podem viver, isso não vale também para nós? Agimos como pagãos e incrédulos quando nos deixamos aterrorizar pela preocupação com coisas mínimas.

O segredo das palavras de Jesus está em "Pai" e "reino de Deus". Somos filhos de Deus, e a dignidade implicada nessa afirmação deveria nos trazer descanso e segurança em meio às demandas da vida. Se tivermos como objetivo último firmar nossa vida no reino de Deus, nossos interesses menores ocuparão seus devidos lugares. Quanto mais fizermos a vontade do Pai e praticarmos sua justiça, mais nossas necessidades materiais serão satisfeitas. O reino — a legítima ordem social — é o maior dos bens, e nele estão contidos todos os outros.

WALTER RAUSCHENBUSCH, *Os princípios sociais de Jesus*, PARTE 2, CAP. 4

Ó Senhor Deus, nosso Pai celestial, tu ensinaste teus filhos a não andar preocupados com o cotidiano, mas a buscar primeiro teu reino e sua justiça, e assim teremos tudo de que carecemos nesta vida. Aumenta nossa fé e firma nossa confiança em tua bondosa provisão e permanente graça, para que, lançando sobre ti nossos cuidados, nada temamos a não ser ficar longe de ti; por meio de Cristo, nosso Senhor, que morreu por nós mas agora vive e reina contigo e com o Espírito Santo, um só Deus, agora e para sempre. Amém.

REVERENDÍSSIMO FRANK F. LIMEHOUSE III

PARA REFLETIR: Sl 13.5-6; 37.7; 40.4; Pv 3.5-8; Is 26.3-4; 40.31; 43.2-3; Jr 31.7-9; **Mt 6.24-34;** 7.7-11; Jo 14.25-27; Rm 8.28; Fp 4.6-7; 1Jo 4.13-18

◇◇◇◇◇◇◇ **25** ◇◇◇◇◇◇◇

(Como um camelo passou pelo fundo de uma agulha.)

Zaqueu trabalhava na rentável, porém duvidosa, coleta de impostos para o governo romano, atuando em um dos distritos mais ricos da Palestina. Ele era ao mesmo tempo um político e um executivo, o tipo de homem "propenso a cair". Com pouco mais de um metro e meio de altura, não teria nenhuma chance de assistir a uma procissão se permanecesse no meio do povo em uma rua estreita. Por isso, decidiu subir em uma árvore. Imagine um presidente de empresa escalando um poste de luz para ver Jesus! Esse espírito de determinação atraiu Jesus, que, embora soubesse quanto sua reputação seria manchada por reunir-se com um publicano, logo fez amizade com Zaqueu. O publicano provou sua aptidão para o reino de Deus ao livrar-se de uma só vez da quantia que acumulara mediante suborno — 50% de seus bens foram doados aos pobres. O saldo foi restituído a uma taxa de 400%. Quanto sobrou? Eis o camelo passando pelo fundo da agulha! Jesus observou e aplaudiu.

WALTER RAUSCHENBUSCH, *Os princípios sociais de Jesus*, PARTE 2, CAP. 5

Deus misericordioso e todo-poderoso, cujo Filho veio buscar e salvar o perdido, até mesmo um pecador como Zaqueu, que foi transformado pelo poder da graça a ponto de se desfazer de mais da metade de sua riqueza, concede-nos que também nosso coração seja transformado e devotado a ti em amor e adoração, para que fielmente te sirvamos e louvemos todos os dias de nossa vida; por meio do próprio Filho, Jesus Cristo, nosso Senhor, que vive para sempre contigo e com o Espírito Santo. Amém.

REVERENDÍSSIMO FRANK F. LIMEHOUSE III

PARA REFLETIR: Mt 6.19-21,24; Mc 10.23-27; **Lc** 12.33-34; **19.1-10;** At 4.32-35; Fp 4.19-20; 1Tm 6.10; Hb 13.5; Tg 2.1-7; 5.1-6

No primeiro século, os cristãos constituíam uma nova entidade social. Eles confrontaram a vultosa estrutura social do Império Romano ao propor uma fé inédita, uma esperança revolucionária e um forte ímpeto para a *koinonia* [comunhão]. Aqueles que haviam deixado a sociedade pagã ainda sentiam o apelo de suas diversões frívolas, seus lemas morais e sua idolatria. O apóstolo Paulo desafiou os cristãos romanos a se apresentarem como "um sacrifício vivo e santo, agradável a Deus". Eles deveriam dedicar-se plenamente à assimilação no corpo de Cristo. Isso implicaria renovação mental e uma perspectiva espiritual mais ampla, intensa e instigante. Também acarretaria a perda de muitos privilégios sociais, negócios lucrativos e reconhecimento público. A qualquer instante, poderiam ser exilados, torturados ou mortos. A metáfora do altar se tornaria uma realidade escarlate. Contudo, observe a satisfação e a certeza triunfante — "culto racional" — com que Paulo se dirige aos cristãos romanos.

Se hoje você tivesse de se dedicar ao estabelecimento de uma ordem social cristã, isso lhe demandaria ampla renovação espiritual e intelectual? A vida humana seria tolhida ou ampliada? Que critérios seriam adotados?

Walter Rauschenbusch, Os princípios sociais de Jesus,
PARTE 4, CAP. 12

Deus eterno e todo-poderoso, cujo servo apóstolo Paulo, tendo sido transformado por uma forte luz vinda do céu, desafiou veementemente os cristãos romanos a se apresentarem como sacrifícios vivos, santos e agradáveis a ti, transforma também nossa vida por seu Santo Espírito, para que, com grande triunfo, regozijo e certeza, enfrentemos toda oposição, todo medo e toda tentação que venha a estorvar a prática daquilo que é justo aos teus olhos; por meio de nosso Senhor Jesus Cristo. Amém.

Reverendíssimo Frank F. Limehouse III

PARA REFLETIR: At 22.6; Rm 12.1-2; Gl 5.1,16-17; Ef 4.17—6.20; Fp 3.7-16; Cl 2.20—3.17; 1Pe 5.6-11; 2Pe 1.5-11

JOHN R. MOTT
(1865–1955)

Durante as décadas posteriores à Guerra Civil norte-americana (1861–1865), ocorreu uma poderosa retomada do impulso missionário. Faculdades e universidades da Grã-Bretanha e dos Estados Unidos foram os principais centros de recrutamento de jovens ávidos por dedicar a vida à evangelização mundial. Um dos motes dessa corrente foi "evangelizar o mundo nesta geração". Em parte, essa nova onda missionária se deveu à calorosa e otimista contribuição do evangelista Dwight L. Moody.

O Movimento Voluntário Estudantil, instituído oficialmente em 1888, firmou-se como vanguarda dessa causa. Registrou crescimento espantoso sob a batuta de John R. Mott, que atuou como líder da Associação Cristã de Moços (ACM) [YMCA, na sigla em inglês] na Universidade de Cornell. Por quase meio século, ele foi o principal embaixador norte-americano para assuntos de missões e evangelismo.

De formação metodista, Mott nasceu no estado de Nova York. Aos 16 anos, depois da mudança de sua família para Iowa, Mott matriculou-se na Upper Iowa University, onde se revelou um entusiasmado aluno de história e literatura. Em 1885, transferiu-se para Cornell, onde um discurso de J. Kynaston Studd o fez rever as próprias ambições e dedicar-se a apresentar Cristo aos universitários.

De 1890 a 1915, Mott serviu como secretário nacional da ACM. Na época, segundo o historiador Sydney Ahlstrom, a influência da atuação de Mott na vida dos alunos norte-americanos "foi fenomenal, e no devido tempo a comunidade estudantil de todo o mundo se tornou seu rebanho" (*Religious History*, p. 865).

No período pós-Primeira Guerra, John Mott se empenhou em evitar horrores bélicos futuros. Dirigiu uma campanha de fundos para auxiliar soldados norte-americanos, que arrecadou duzentos milhões de dólares de "ricos e pobres, integrantes de todo tipo de partido, raça e religião" (Ahlstrom, *Religious History*, p. 896). Em 1946, recebeu o Prêmio Nobel da Paz.

(Uma voz profética.)

A evangelização do mundo não deve ser considerada um fim em si mesmo. A igreja não terá completado sua tarefa no dia em que o evangelho houver sido pregado a todas as pessoas. À evangelização devem suceder o batismo de convertidos; a organização desses convertidos em congregações; o cultivo de seu caráter, sua fé e seu conhecimento; e, ainda, o alistamento e o treinamento para o serviço.

A empreitada missionária deve ser vista como um meio de atingir o poderoso e inspirador objetivo de entronizar Cristo na vida pessoal, familiar e social, bem como nas relações nacionais e internacionais — em todo relacionamento humano. Para tanto, é preciso plantar e fomentar, em cada território não cristão, igrejas autossustentáveis, autogeridas e autorreprodutivas tão firmemente enraizadas na mente e no coração das pessoas que, ainda que seja extinto na Europa e na América do Norte, o cristianismo permaneça puro, como potência missionária em seu novo lar, e assim prospere ao longo dos séculos.

JOHN R. MOTT, *A EVANGELIZAÇÃO DO MUNDO NESTA GERAÇÃO*, P. 15-16

Pai celestial e eterno, que nos deste a Grande Comissão para que, em teu nome, preguemos a todas as nações arrependimento e perdão, concede que os missionários por ti escolhidos sejam tão inspirados pelo Espírito Santo a ponto de os convertidos por seu sincero testemunho reconhecerem as insondáveis riquezas do evangelho e, assim, confessarem o nome de Jesus, não apenas com os lábios, mas com a própria vida, dedicando-se à tua obra e sinalizando a outros "o caminho, a verdade e a vida". Assim oramos no santo nome de Cristo. Amém.

REVERENDÍSSIMO FRANK F. LIMEHOUSE III; JOÃO 14.6

PARA REFLETIR: Mt 28.19-20; Jo 14.6; Rm 6.1-4; Cl 3.12-17; 1Ts 5.5-11, 23-24; 1Tm 4.7; 6.2b-8,11-19; 2Tm 2.1-14; 3.1-13; 4.1-5; Tt 2.1-15; 3.8

28

Evangelizar o mundo nesta geração não é uma tarefa autoimposta; é uma missão solidamente ancorada em um mandamento divino. A Grande Comissão de Cristo a seus discípulos, proferida após a ressurreição, expressa claramente nosso dever de torná-lo conhecido a todas as pessoas. Embora a comissão de Jesus se destinasse aos cristãos de seu tempo, a atuação da igreja nos períodos apostólico e subapostólico mostra que essa vocação era compulsória não somente para os apóstolos, mas para cristãos de todas as gerações. O lema "evangelizar o mundo nesta geração" apenas traduz a Grande Comissão em termos aplicáveis à nossa época.

A Grande Comissão contém motivo suficiente para equipar todo discípulo de Jesus com um poder uniforme, capaz de sobreviver a paixões e arroubos de euforia, pois independe das emoções e pode superar qualquer dificuldade ou frustração. A Grande Comissão arde em nós ainda que não haja encorajamento e reluz mesmo em meio à perseguição. Exerce forte e permanente influência sobre os pensamentos e o coração de todo cristão.

John R. Mott, *A evangelização do mundo nesta geração*, p. 22-23

Pai todo-poderoso, teu mandamento para que façamos "discípulos de todas as nações, batizando-os em nome do Pai, do Filho e do Espírito Santo" e ensinando-os a "obedecerem a todas as ordens" de teu Filho, destinou-se não apenas aos primeiros discípulos, mas igualmente a esta e às próximas gerações de discípulos. Oramos, assim, para que não nos deixes à mercê de nossos próprios recursos, mas nos dês inspiração do Espírito, a fim de que superemos toda dificuldade e frustração enquanto cumprimos tua vontade divina, para tua honra e glória, por meio de Jesus Cristo, nosso Senhor. Amém.

Reverendíssimo Frank F. Limehouse III; Mateus 28.19-20

PARA REFLETIR: Mt 28.16-20; Mc 16.14-16; Lc 24.44-49; At 1.8

A mais importante manifestação da presença de Cristo em nós, como indivíduos, e na igreja, em geral, depende da obediência à Grande Comissão. Há uma íntima e inseparável conexão entre "Vão e façam discípulos de todas as nações" e "Estou sempre com vocês". No Novo Testamento, o dom do Espírito Santo está associado ao anúncio do conhecimento de Cristo. O Espírito foi concedido com o propósito de capacitar os cristãos a proclamar o evangelho por toda a terra, começando em Jerusalém.

Se hoje a igreja anseia ser vigorosamente visitada pelo poder de Deus, esse poder lhe sobrevirá durante o exercício da Grande Comissão.

Não podemos mais continuar deixando esse encargo para a "próxima geração", nem atribuir a ela nossa responsabilidade pelo arrependimento, pela fé e pelas obras do amor ou incumbi-la de amar a Deus e ao próximo em nosso lugar. As forças do mal certamente não transferiram suas tarefas para a próxima geração; com vigor incessante, elas agem em todo o mundo buscando cumprir seu mandato mortal ainda neste tempo.

JOHN R. MOTT, *A EVANGELIZAÇÃO DO MUNDO NESTA GERAÇÃO*, P. 26-27

Ó Deus, nosso Pai celestial, se não recebermos de ti o Espírito Santo, não poderemos nem mesmo dizer "Jesus é Senhor", quanto mais "fazer discípulos de todas as nações"! Não nos deixes depender somente de nossos recursos; antes, dá-nos poder divino por meio do Espírito, para que sejamos tuas testemunhas nesta geração e intercedamos pela próxima, por meio desse mesmo Jesus Cristo, que reina eternamente contigo e com o Espírito Santo. Amém.

REVERENDÍSSIMO FRANK F. LIMEHOUSE III; MATEUS 28.19;
1 CORÍNTIOS 12.3

PARA REFLETIR: Mt 13.19,38; **28.16-20;** Lc 24.44-49; Jo 12.31-32; 16.8-11; Rm 8.37; **1Co 12.3;** 2Co 2.11; 4.4; 11.14; Ef 6.10-18; Cl 2.15; 1Pe 5.6-9

G. K. CHESTERTON
(1874–1936)

A expressão em latim *sui generis* ("próprio de algo") deveria ser usada de maneira comedida, principalmente nos casos em que se refere a pessoas. Porém, somos muito tentados a recorrer a ela quando falamos de Gilbert Keith Chesterton.

Nascido em Londres, Chesterton estudou na St. Paul's School e cursou belas-artes na University College London. Sua carreira como escritor começou em 1900, quando produziu alguns artigos sobre crítica de arte para uma revista. Desde então, acabou se tornando um dos mais prolíficos autores de todos os tempos. Escreveu uma centena de livros e colaborou na edição de cerca de outras duzentas obras. Compôs centenas de poemas (como "A balada do cavalo branco"), cinco peças teatrais, cinco romances e aproximadamente duzentos contos.

A despeito de suas conquistas literárias, Chesterton se considerava sobretudo um "jornalista folgazão", e tinha bons motivos para isso. Ele redigiu mais de quatro mil textos jornalísticos, incluindo trinta anos de colunas semanais para o *Illustrated London News* e treze anos de colunas para o *Daily News*. Acrescente-se a isso seu próprio periódico, intitulado *G. K.'s Weekly*.

A versatilidade de Chesterton era espantosa. Ele tratava de crítica literária e social, história, política, economia, filosofia e teologia, sempre com a mesma desenvoltura. Advogou fervorosamente a causa da justiça social e da dignidade humana, além de ter se revelado um hábil apologeta da fé cristã. Sua personalidade vibrante permitiu que construísse calorosa amizade com o socialista George Bernard Shaw e o defensor da eugenia H. G. Wells.

Em suma, o católico romano Chesterton foi um grande paladino da clássica doutrina cristã, enaltecendo uma época em que as pessoas se gabavam quando reconhecidas como ortodoxas: "Se acaso ficasse sozinho em um deserto permeado de uivos, ele revelava ser mais que um homem; era uma igreja. [...] Nenhum suplício de infernos abandonados seria capaz de fazê-lo confessar-se um herege" (*Hereges*, cap. 1)

O anacoreta que rola sobre pedras em frenética submissão a Deus é, em essência, mais saudável que o indivíduo sóbrio e moderno que caminha pelo centro financeiro de Londres. Assim como outros de seu grupo, esse indivíduo é considerado bom só por mostrar um parco conhecimento acerca do mal. O que estou alegando sobre o anacoreta é tão somente isto: embora assuma uma condição de pobreza e miséria, ele fixa a atenção em uma força que não tem limites e em uma felicidade que nunca acaba.

É certo que se deve objetar qualquer visão distorcida com relação a Deus e à moral, independentemente de onde se esteja, se numa cela monástica ou na rua. Um jovem pode se abster de seu vício ao pensar na possibilidade de contrair uma doença venérea, ou pode manter-se puro por meio da contemplação da santidade da Virgem Maria. Pode-se questionar qual dos métodos é mais sensato, mas não qual deles é mais salutar.

G. K. Chesterton, Hereges, cap. 2

Ó Deus, Rei eterno, cujo Filho ensinou a nós, teus frágeis filhos, como orar a fim de que sejamos libertos do mal, livra-nos de ter um conhecimento raso sobre o mal que constantemente nos assola neste mundo decaído e pecaminoso, para que abandonemos assim "as obras das trevas como se fossem roupas sujas" e vistamos "a armadura da luz" que glorifica teu santo nome; por meio de Jesus Cristo, nosso Senhor. Amém.

Reverendíssimo Frank F. Limehouse III; Romanos 13.12

PARA REFLETIR: Mt 5.1-16,30; **6.9-13**; **Rm** 1.18-32; **13.12**; 1Co 6.19-20; Ef 4.17—5.7; 1Pe 1.13-25; 2Pe 3.11-14

Um grande e silencioso esgotamento, uma enorme e tácita decepção paira sobre a civilização europeia. Em seus esforços para descobrir o que é bom de fato, as eras anteriores derramaram suor e foram submetidas à cruz; contudo, boa parte do mundo moderno chegou à conclusão de que o bem não existe. O melhor que se pode esperar é a possibilidade de instalar algumas placas sinalizando perigo.

Os jargões e ideais modernos mais populares não passam de manobra para evitar o assunto. Falamos sobre liberdade, mas a tomamos como uma estratégia para deixar de examinar o que é bom. Apreciamos falar sobre progresso, mas evitamos conversar sobre o que é bom. Gostamos de advogar a educação, mas nos recusamos a avaliar o que é bom. O mundo moderno diz: "Abandonemos padrões morais arbitrários e abracemos a liberdade". Na verdade, isso significa: "Deixemos de lado essa coisa de determinar o que é bom. Em vez disso, consideremos que bom mesmo é não definir o que é bom"; "Fora com seus padrões morais antiquados; nossa causa é o progresso".

O mundo moderno está convencido de que é a educação, não a religião ou a convicção moral, que abriga a esperança para a raça humana. Isso equivale a afirmar "Não podemos decidir o que é bom, mas vamos transmiti-lo aos nossos filhos".

G. K. Chesterton, Hereges, cap. 2

Querido Deus que estás no céu, tu vês nossa confusão diante dos profetas do mundo moderno, que identificam como liberdade o que é escravidão, que chamam de bom o que é mal e que exaltam o conceito humano de moralidade em detrimento de tua Santa Palavra. Tem misericórdia de nós, Senhor. Dá-nos ouvidos para ouvir somente a voz do Bom Pastor chamando-nos de volta para o aprisco, a fim de que o sigamos pelos caminhos da justiça e honremos teu nome; por meio de Jesus Cristo, nosso Senhor e Salvador. Amém.

Reverendíssimo Frank F. Limehouse III

PARA REFLETIR: Sl 23.3; Jo 3.19; 12.35,46; Rm 13.12; 2Co 4.6; Ef 5.8; 6.12; 1Ts 5.4-5

O "progresso", quando devidamente compreendido, tem significado legítimo e digno. Porém, se usado em oposição a ideais morais incontestáveis, é ridículo. Jamais será verdadeira a afirmação de que o progresso deve se opor a regulamentos morais e religiosos; o inverso, sim, é válido. Só pode usar o termo "progresso" quem tem uma fé inequívoca e um firme código moral. Se não há nenhuma crença em padrões morais indubitáveis, não é possível ser progressista. Por sua natureza, progresso implica direção; quando não se sabe aonde ir, não se sabe como progredir.

Talvez nunca tenha havido, desde o início do mundo, uma era menos qualificada a usar o termo "progresso". O progresso depende de haver mais ou menos leis? Maior ou menor liberdade individual? Recato ou permissividade sexual? Devemos prezar por toda vida humana ou não? Essas são as coisas pelas quais nos debatemos. A geração menos resoluta é a que se considera a mais progressista.

Não digo que a palavra "progressista" seja desprovida de significado; digo que só significa alguma coisa se estiver associada a princípios morais compartilhados. Trata-se de uma palavra sagrada que perde seu valor quando apartada da fé religiosa.

G. K. CHESTERTON, HEREGES, CAP. 2

Deus eterno e todo-poderoso, tu vês quão moralmente confusa está nossa geração, como se remasse um barco a esmo em meio a uma forte ventania; concede-nos sabedoria para meditar em teus preceitos e fixa nossos olhos em teus caminhos, para que sejamos capazes de progredir rumo ao teu reino no poder do teu Espírito Santo, para a glória do teu nome. Amém.

REVERENDÍSSIMO FRANK F. LIMEHOUSE III

PARA REFLETIR: Sl 119.4; Mc 12.30-31; 1Co 6.9; Gl 5.19-21; 1Jo 2.3-6

A humildade foi concebida como uma restrição à arrogância e à infinidade do apetite humano. Hoje, necessidades inventadas a todo o tempo tendem a superar a misericórdia. A avidez pelo prazer destrói metade das alegrias da humanidade. É impossível, sem a humildade, ter prazer em qualquer coisa que seja.

O mal de que sofremos hoje é a humildade no lugar errado. A modéstia deslocou-se do órgão da peregrinação e se fixou no órgão da convicção, onde ela nunca deveria estar. O homem foi concebido para duvidar de si mesmo, mas não para duvidar da verdade. Isso se inverteu. Atualmente, aquilo que a pessoa afirma com mais veemência — a si mesma e a seu prazer — é exatamente aquilo que menos deveria afirmar. Aquilo de que ela mais duvida — o conhecimento de Deus e a verdade divina — é exatamente aquilo de que não deveria duvidar.

Portanto, a humildade de nossa época é mais venenosa que os excessos de qualquer asceta do deserto. A antiga humildade era uma espora que não deixava o homem parar, não um prego na bota que o impedia de ir em frente. Ela fazia o homem duvidar de seus esforços, o que possivelmente o levava a trabalhar com mais afinco. A nova humildade faz o homem duvidar da verdade, e isso o fará parar de trabalhar pura e simplesmente.

G. K. CHESTERTON, ORTODOXIA, CAP. 3

Pai celestial, Deus eterno e todo-poderoso, tu nos ensinaste que "não rejeitarás um coração humilde e arrependido", e que "os que se humilham serão exaltados"; concede-nos humildade para que reconheçamos a verdade sobre nós mesmos e, assim, não sejamos orgulhosos, mas gratos pelas incontáveis bênçãos e dons que recebemos imerecidamente por tua graça e misericórdia; por meio de Jesus Cristo. Amém.

REVERENDÍSSIMO FRANK F. LIMEHOUSE III; SALMOS 51.17;
MATEUS 23.12

PARA REFLETIR: Sl **51.17**; 147.6; Pv 11.2; **Is 66.2**; Jr 9.3; **Mt 23.12**; Mc 9.33-37; **Lc 14.11**; 22.24-27; Rm 12.3; Fp 2.3-11; Tg 4.6

◇◇◇◇◇◇◇ **34** ◇◇◇◇◇◇◇

Alguns dizem que Deus ao criar o mundo o escravizou. Mas, segundo a doutrina cristã, ao criá-lo Deus o libertou. Deus havia escrito uma peça planejada à perfeição. A performance, porém, coube a atores e diretores humanos, que logo a transformaram numa grande confusão. Ciente disso, a pessoa pode sentir alegria por causa do grande plano e indignação por causa da confiança, tudo isso sem se tornar um resoluto pessimista ou um cego otimista.

De acordo com a doutrina cristã sobre o Criador e a criação, pode-se lutar contra todas as forças que confrontam a vida sem desertar a bandeira da existência humana. Pode-se estar em paz com o mundo e, no entanto, estar em guerra com a desordem do mundo. Pode-se admirar o segredo do desígnio divino para o mundo, em vez de admirar a magnitude do inimigo.

Assim que me dei conta disso — uma experiência indescritível —, foi como se duas máquinas enormes com as quais eu vinha lutando tivessem sido superadas. Eu descobrira que se deve amar o mundo intensamente sem prestar culto a ele. Deve-se amar o mundo sem se tornar mundano.

G. K. CHESTERTON, *ORTODOXIA*, CAP. 5

Deus Todo-poderoso, Criador, Redentor, Sustentador, que no início criaste os céus e a terra e viste que eram bons, ajuda-nos a demonstrar afeto ao mundo e dele cuidar, mas a adorar somente a ti, nosso Senhor e Deus. Concede-nos graça para reconhecer nosso lugar neste mundo e livra-nos de apego excessivo às coisas daqui. Acima de tudo, faz-nos saber que apenas uma coisa é necessária: Jesus Cristo, nosso Senhor, que reina contigo e com o Espírito Santo para toda a eternidade. Amém.

REVERENDÍSSIMO FRANK F. LIMEHOUSE III

PARA REFLETIR: Gn 1.1-31; 3.1-21; 4.6-7; Dt 11.26-28; 30.19; Pv 1.20-33; 21.1-31; Is 46.9-10; 55.6-7; **Lc 10.41-42;** 13.34

Não é de surpreender que uma pessoa assuma uma posição defensiva; mas que Deus pudesse assumir uma posição defensiva é uma afirmação que nenhuma outra religião pode fazer. A fé cristão é a única religião do mundo a afirmar que a onipotência por si só tornava Deus incompleto. O cristianismo crê que Deus, para ser totalmente Deus, devia tornar-se um servo fiel e aprovado, bem como rei. Dentre todas as religiões, o cristianismo foi o único que acrescentou a coragem às virtudes do Criador. A única coragem digna desse nome se manifesta quando alguém passa por um ponto de ruptura e não se parte. (Peço desculpas se a linguagem que uso parece irreverente ao tratar de um assunto que os maiores santos recearam abordar.)

Na Paixão de nosso Senhor, contudo, há uma distinta revelação de que o Autor de todas as coisas de algum modo impensável não apenas passou pela agonia da cruz, mas também pela dúvida. Está escrito: "Não ponha o Senhor, seu Deus, à prova". É verdade, mas o Senhor, seu Deus pode provar-se a si mesmo à prova, e foi isso o que aconteceu.

G. K. CHESTERTON, *ORTODOXIA*, CAP. 8

Deus todo-poderoso, cuja onipotência ultrapassa nossa compreensão, tu ainda assim assumiste, em nosso favor, a frágil forma humana e com coragem te entregaste a uma morte terrível; concede a nós, pecadores, um coração genuinamente grato e aumenta nossa fé para que voltemos os olhos a ti e saibamos que és poderoso para nos salvar, por meio da terna misericórdia de Jesus Cristo, teu Filho e nosso Senhor, que vive e reina contigo e com o Espírito Santo, agora e para sempre. Amém.

REVERENDÍSSIMO FRANK F. LIMEHOUSE III

PARA REFLETIR: Mt 4.1-11; 26.36-39; Mc 1.12-13; Lc 4.1-13; Jo 1.1-5; Fp 2.5-11; Hb 2.14-18

No jardim do Éden, Satanás tentou a humanidade. Noutro jardim, o Pai provou o Filho. Naquela noite no Getsêmani, de modo profundo e incompreensível, o Deus encarnado mergulhou plenamente na provação humana. O mundo foi abalado e o sol se recusou a brilhar, não no momento da morte de Jesus, mas no momento do grito do alto da cruz: o grito que confessou que Deus Pai havia abandonado Deus Filho. Na provação, porém, Deus Filho permaneceu fiel; ele não se deixou romper.

Agora, deixemos que os revolucionários do mundo escolham um credo dentre todos os credos e um deus dentre todos os deuses do mundo. Eles nunca encontrarão outro deus que tenha voluntariamente sido provado como foi o Filho de Deus. Não — a questão torna-se difícil demais para a fala humana —, deixemos que os ateus escolham um deus. Eles nunca encontrarão outro deus que expressou tão completamente a desolação deles. Somente no cristianismo o Deus encarnado, por um tempo, pareceu ter sido abandonado.

G. K. Chesterton, Ortodoxia, cap. 8

Ó Deus, cujo Filho bendito foi tentado no jardim do Getsêmani para que desistisse do cálice de dor e morte na cruz, e que chegou a lamentar que tu, o Pai, o havias abandonado, ajuda-nos a admirar sem reservas a maneira como Jesus aquiesceu à tua vontade e concede-nos uma fé inabalável para que não busquemos redenção em nenhum outro deus além de ti; por meio de Jesus Cristo, que vive eternamente contigo e com o Espírito Santo. Amém.

Reverendíssimo Frank F. Limehouse III

PARA REFLETIR: Gn 3.1-21; Mt 26.36-39; 27.32-50; Mc 15.22-39; Lc 22.39-46; Hb 5.7-9

Quando comecei a examinar seriamente o Novo Testamento, não descobri ali uma pessoa de cabeleira partida ao meio ou de mãos entrelaçadas num gesto de súplica, mas sim um ser extraordinário com lábios de trovão e atos terrivelmente decididos, que derrubava mesas no templo, expulsava demônios e passava do isolamento na montanha para a exigência da atenção pública. Um ser que por vezes agia como um deus irado, mas sempre como Deus.

Ele tinha até um estilo literário próprio: seus "em verdade, em verdade lhes digo" e "quanto mais" acumulam-se um sobre o outro.

Jesus, o Messias, é o nome dele.

Sua palavras eram enfeitadas com as imagens de camelos passando por buracos de agulhas e montanhas arremessadas ao mar. Chamava a si mesmo de espada de divisão, mas na sequência ensinava a bem-aventurança do pacificador. Tudo o que dizia e fazia só aumentava seu mistério.

Não podemos explicar isso tudo chamando Jesus de insano, pois ele teria simplesmente soltado um resmungo. Quem é ele, então? É o paradoxo divino-humano em cuja pessoa singular encontramos a surpreendente comunhão das duas naturezas.

G. K. Chesterton, Ortodoxia, cap. 9

Deus todo-poderoso, nosso Pai celestial, cujo Filho, Jesus, o Messias, veio ao mundo e se revelou em um impenetrável porém maravilhoso mistério, concede que os povos de toda a terra, divididos e cegados pelo pecado, tenham os olhos abertos pelo Espírito Santo, a fim de que vejam a Cristo e o reconheçam como ninguém menos que o Rei dos reis e Senhor dos senhores, que ama as almas e resgata o mundo. Amém.

Reverendíssimo Frank F. Limehouse III

PARA REFLETIR: Mt 5.1-12; 6.2; 8.23-27; 10.33-39; 14.22-28; 18.18; 19.23-25; 21.12-13,21; Lc 19.45-46; Jo 1.1-5,14,41; 2.14-15; 4.25; Cl 1.16; **1Tm 6.15;** Ap 1.12-18; **19.16**

JOÃO XXIII
(1881–1963)

Ao anunciar a convocação para o Conselho Vaticano II, o papa João XXIII manifestou sua esperança pela "iluminação, edificação e alegria de todo o povo cristão", oferecendo um "renovado convite aos fiéis de todas as comunidades" a se unirem cordialmente na "busca pela unidade e graça a que aspiram tantas almas em todo o mundo" ("Anúncio"). João XXIII sempre será lembrado como o papa que, por meio da convocação para o Conselho Vaticano II (1962–1965), inaugurou o *aggiornamento*, isto é, "a atualização da igreja".

Angelo Giuseppe Roncalli nasceu na vila de Sotto il Monte, na Itália. Em 1900, foi estudar teologia em Roma. Depois de sua ordenação, ocorrida em 10 de agosto de 1904, continuou estudando no Seminário Romano, onde obteve o título de doutor em direito canônico.

O recém-consagrado bispo de Bérgamo ficou bem impressionado com o desempenho de Angelo como aluno de pós-graduação e o convidou para ser seu secretário. Na ocasião da morte do bispo, Angelo o biografou em tom laudatório e enviou uma cópia desse texto a Bento XV, amigo do sacerdote de Bérgamo.

Em 1921, Bento indicou Angelo para o cargo de diretor da Sociedade Italiana para a Propagação da Fé. Enquanto realizava um trabalho de pesquisa, Angelo conheceu o monsenhor Achille Ratti, que viria a se tornar o papa Pio XI. Pio nomeou Angelo agente diplomático do Vaticano na Bulgária, na Turquia e na Grécia. Antes de deixar a Bulgária, Angelo foi designado arcebispo. A princípio, essas incumbências não pareciam muito promissoras; mas, possivelmente por suas habilidades diplomáticas, em 1944 Angelo foi comissionado embaixador papal na França pós-guerra. Em 1953, foi nomeado cardeal.

Aos 71 anos, foi reconhecido como patriarca de Veneza, fato que parecia marcar o desfecho de sua jornada eclesiástica. Porém, com a morte de Pio XII em 9 de outubro de 1958, Angelo foi eleito, no dia 28 do mesmo mês, pontífice da Igreja Católica Romana.

◇◇◇◇◇◇ **38** ◇◇◇◇◇◇

Deus concedeu a nosso intelecto aptidão para conhecer as verdades naturais. Seguindo essa verdade, seguimos o próprio Deus, que é o autor dela e também legislador e governante de nossa vida. Mas se por loucura ou preguiça, ou por má vontade, nós rejeitamos essa verdade, voltamos as costas para o sumo bem e para a própria norma do viver correto.

Muitas vezes, nossos esforços resultam numa mistura de verdades e erros. Isso se dá sobretudo no que se refere à religião e à moral. Não podemos facilmente obter verdades que ultrapassam a capacidade e o alcance naturais da razão, a não ser que Deus nos ilumine e inspire. Por isso a palavra de Deus, que "habita em luz inacessível", com imenso amor e compaixão da condição humana "tornou-se carne e habitou entre nós", para iluminar a todos e a todos conduzir, não só à plenitude da verdade, mas também à virtude e à eterna felicidade.

João XXIII, *Ad Petri Cathedram* [À cátedra de Pedro], 29 de junho de 1959, § 7-8

Ó Senhor, nosso Pai celestial, cuja luz inacessível brilha na escuridão e não pode ser apagada, ilumina nossa mente e abre nosso coração para que conheçamos e recebamos a verdadeira Luz que veio ao mundo, a Palavra que se tornou carne, Jesus Cristo, nosso Senhor. Torna-nos sinceramente gratos por nos teres concedido, mediante o poder do Espírito Santo, o direito de nos tornarmos teus filhos, nascidos de novo para seguir o Filho à plena e perfeita verdade, à virtude e à felicidade eterna. Amém.

Reverendíssimo Frank F. Limehouse III

PARA REFLETIR: Sl 136.3; **Jo 1.1-5,9,12,14,17;** 3.15; 6.54; 10.28; **14.6;** Rm 6.23; 1Jo 2.25; 5.13; Ap 7.14

❖❖❖❖❖❖ **39** ❖❖❖❖❖❖

Alguns homens agem como se Deus nos tivesse dado intelecto para outro propósito que não procurar e alcançar a verdade. Esse reprovável modo de proceder conduz diretamente a esta afirmação absurda: a de que todas as religiões se equivalem, pois não há diferença entre a verdade e o erro. "Esse princípio", para usar palavras do papa Leão XIII, "leva necessariamente à ruína de todas as religiões." Além disso, negar toda a diferença entre coisas tão contraditórias e contrárias pode levar a esta fatal conclusão: a relutância de aceitar qualquer religião, na teoria e na prática.

Como poderia Deus, que é a verdade, aprovar ou tolerar a indiferença, a negligência e a apatia daqueles que, em questões das quais depende nossa salvação eterna, não fazem nenhum caso nem se importam de procurar e encontrar as verdades necessárias, nem prestar a Deus o culto que é devido a ele somente?

João XXIII, Ad Petri Cathedram [À catedra de Pedro], 29 de junho de 1959, § 17-18

Ó Deus, Rei eterno, cujo Filho bendito veio ao mundo e se revelou como "o caminho, a verdade e a vida", demonstrando que ninguém vem a ti senão por ele e que as outras veredas conduzem a um deserto de mentira e morte, permita que todos os povos da terra — tão assolados por indiferença espiritual, descaso e preguiça — ouçam a voz de Cristo e que, no teu tempo, toda língua o confesse como "líder perfeito para conduzir à salvação", para a glória do próprio Jesus, nosso Senhor, que vive eternamente contigo e com o Espírito Santo. Amém.

Reverendíssimo Frank F. Limehouse III; João 14.6; Hebreus 2.10

PARA REFLETIR: Sl 95.6; **Jo 14.6**; Rm 12.1; 1Co 8.5-6; Ef 2.13; **Fp 2.11**; Cl 3.14-17; 2Ts 2.7,9-12; **Hb 2.10**; 13.15; 1Jo 4.1-6; Jd 1.10-13

40

Acolhendo como vinda do alto uma voz íntima de nosso espírito, julgamos estar maduro o tempo para oferecermos à Igreja Católica e ao mundo o dom de um novo concílio ecumênico.

Numa época em que em várias partes se fazem generosos e crescentes esforços com o intuito de reconstituir aquela unidade visível de todos os cristãos que corresponda à vontade do divino Redentor, é muito natural que o próximo concílio forneça as premissas da clareza doutrinária e da caridade mutual que tornarão ainda mais vivo nos irmãos separados o desejo de auspicioso retorno à unidade e lhes prepararão o caminho para consegui-la. E, por fim, a um mundo perdido, confuso e ansioso sob a contínua ameaça de novos e assustadores conflitos, o próximo concílio é chamado a oferecer uma possibilidade de despertar, em todas as pessoas de boa vontade, pensamentos e propósitos de paz, uma paz que pode e deve vir sobretudo das realidades espirituais e sobrenaturais, da inteligência e da consciência humana, iluminadas e guiadas por Deus, Criador e Redentor da humanidade.

João XXIII, *Humanae Salutis* [Da salvação humana], 25 de dezembro de 1961

Pai todo-poderoso, cujo Filho bendito antes de ser martirizado pediu em oração que seus discípulos fossem um, como tu e ele são um, concede que tua igreja, ligada a ti em amor e obediência, seja um só corpo por meio de um só Espírito, a fim de que o mundo acredite naquele que enviaste, teu Filho Jesus Cristo, nosso Senhor, que vive e reina contigo, na unidade do Espírito Santo, um só Deus, agora e para sempre. Amém.

"Pela unidade da Igreja", Coletas: contemporâneas, LOC

PARA REFLETIR: Sl 51.10; 85.6; Is 40.28-31; 55.6-7; 57.15; Ez 37.1-14; Hc 3.2; At 2.1-47; 3.19-21; Ef 5.14-21; Ap 2.1—3.22

Há uma outra questão que nos impele a pedir a todos os cristãos que dirijam a Jesus Cristo, com súplica e ador, preces para que os responsáveis, em grande medida, pelo futuro das nações considerem atentamente a perigosa tarefa de nossa era. Os legítimos direitos e a herança das riquezas espirituais que as nações possuem, sejam elas grandes, sejam pequenas, são sagrados e devem ser salvaguardados.

Rogamos ao Senhor que os governantes avaliem e considerem cuidadosamente as causas que originam as dissensões e, com boa vontade, dediquem-se a superá-las. Acima de tudo, eles devem se dar conta de que a guerra só pode ter um resultado, que são vastas ruínas por toda parte, e portanto não pode ser objeto de esperança. Devem adaptar às necessidades dos homens de hoje as leis que regulam o estado e a sociedade e que vinculam as nações e as classes sociais. Devem ter em mente as leis eternas que provêm de Deus. Por fim, devem ter sempre ciência de que a alma individual do ser humano é criada por Deus e destinada a alcançá-lo e desfrutá-lo.

João XXIII, *Grata Recordatio* [Grata recordação], 26 de setembro de 1959, parte 3, § 15-16

Pai celestial, Deus eterno e todo-poderoso, cujo Filho veio ao mundo convidar o perdido pecador a segui-lo como "o caminho, a verdade e a vida", e assim fez sem coação, oramos para que, inspirados por teu Santo Espírito, povos de toda parte busquem a Cristo livre e jubilosamente e o reconheçam como ninguém menos que o único e verdadeiro Deus, Criador, Redentor e Sustentador. Amém.

Reverendíssimo Frank F. Limehouse III; João 14.6

PARA REFLETIR: Êx 23.1-3; Lv 19.15; Sl 33.5; 37.27-29; 67.4; 106.3; Is 1.17; 10.1-2; 56.1; 61.8; Jr 22.3-5; Am 5.24; Mq 6.8; **Jo 14.6**; Rm 13.1-7; 1Tm 2.1-4

42

A paz na terra não pode ser firmemente estabelecida senão no devido cumprimento da ordem instituída por Deus.

O progresso da ciência e as invenções da tecnologia evidenciam que nos seres vivos e nas forças da natureza reina uma ordem maravilhosa. Testemunham, de igual modo, a dignidade do homem, capaz de desvendar essa ordem e de produzir os meios adequados para dominar tais forças e utilizá-las em seu proveito.

Mas o avanço da ciência e os inventos tecnológicos demonstram, antes de tudo, a infinita grandeza de Deus, Criador do universo e da humanidade. Foi ele quem do nada formou todas as coisas, infundindo nelas a riqueza de sua sabedoria e bondade. Foi igualmente Deus quem criou o homem à sua imagem e semelhança, dotando-o de inteligência e liberdade e constituindo-o senhor da criação.

O Criador do universo imprimiu no ser humano uma ordem que a consciência deste manifesta e o obriga a observar.

João XXIII, Pacem in Terris [Paz na terra], 11 de abril de 1963, § 1-3, 5

Ó misericordioso Criador, tu no princípio criaste o universo de modo maravilhoso e admirável e fizeste a raça humana à tua imagem e semelhança; concede agora que usemos a sabedoria e a bondade que em tua graça nos deste, a fim de ordenarmos a criação de acordo com teus propósitos e para a glória do teu santo nome, por meio de Jesus Cristo, nosso Senhor, que reina contigo e com o Espírito Santo. Amém.

Reverendíssimo Frank F. Limehouse III

PARA REFLETIR: Gn 1.26; Sl 8.1,6-8; 18.8-11; Pv 3.5-6; **Is 45.18;** Jo 1.1-4; **Rm** 1.20; **2.15;** Cl 1.16; Tt 1.15; Hb 1.3

◇◇◇◇◇◇ **43** ◇◇◇◇◇◇

Na sociedade humana, é fundamental o princípio de que cada ser humano é pessoa, isto é, natureza dotada de inteligência e de livre vontade. Com efeito, por essa razão possui em si mesmo direitos e deveres, que emanam direta e simultaneamente de sua própria natureza [citação de Pio XII]. Trata-se, portanto, de direitos e deveres universais, invioláveis e inalienáveis.

Se contemplarmos a dignidade da pessoa humana à luz das verdades divinamente reveladas, não poderemos deixar de estimá-la ainda mais; trata-se, pois, de pessoas remidas pelo sangue de Jesus Cristo, as quais pela graça se tornaram filhas e amigas de Deus, herdeiras da glória eterna.

Pertence igualmente aos direitos do ser humano prestar culto a Deus de acordo com os retos ditames da própria consciência.

João XXIII, PACEM IN TERRIS [PAZ NA TERRA], 11 DE ABRIL
DE 1963, § 9-10, 14

Ó Deus de misericórdia e amor, que viste o que havias feito e consideraste muito bom, o Pai cujo Filho amou a todos e lhes deu o direito de serem chamados teus filhos e herdeiros do teu reino eterno, amolece nosso orgulhoso e pecaminoso coração, para que, conformados à tua imagem, vejamos as pessoas como tu vês e as amemos como tu amas. Capacita-nos também, por teu Espírito, a sinalizar o caminho da salvação àqueles que não conhecem a ti, para tua honra e glória. Amém.

REVERENDÍSSIMO FRANK F. LIMEHOUSE III

PARA REFLETIR: Gn 1.26,31; Sl 82.3; Pv 31.8-9; Is 1.17; Am 2.6-8; Lc 1.51-55; 2.8-14; 4.16-21; **Jo 1.12;** Rm 3.25; 5.9; 13.1-7; Ef 1.7; 2.13; 1Tm 2.1-15; Tt 3.1

E. STANLEY JONES
(1884–1973)

Frequentemente, as chamas de reavivamento do Espírito Santo varrem a igreja, despertando e transformando seus membros. Esse derramar do Espírito ajuda a entender quem foi E. Stanley Jones, um formidável missionário do século 20.

Nascido em Baltimore, Jones cursou a educação básica em escolas locais, e estudou direito no City College antes de se transferir para o Asbury College em Wilmore, no Kentucky. Concluiu a graduação em 1906 e, um ano depois, já integrando o corpo docente da faculdade, foi chamado para o serviço missionário.

Tudo começou em fevereiro de 1905, quando Jones e outros poucos colegas se reuniram para orar. Por volta das dez horas da noite, "soberanamente, vindo direto do céu azul, sem que nada o tivesse incitado", o Espírito Santo varreu a sala (Jones, *Cântico das subidas*, p. 68). Não demorou para que o reavivamento se espalhasse pelo *campus* e, depois, por toda a cidade. Segundo Jones, esse fato o conduziu a um total compromisso com a vontade de Deus, o que incluía tornar-se missionário.

Em 1907, Jones viajou até a Índia, enviado pela Igreja Metodista Episcopal. Em 1911, casou-se com Mabel Lossing, colega também missionária. O histórico de Jones revela um equilibrado envolvimento com questões de justiça social e piedade cristã. Apoiador da cruzada indiana por autonomia, o missionário era procurado por líderes indianos e britânicos que buscavam seus conselhos. Além disso, dirigentes do recém-formado Congresso Nacional Indiano figuravam em seu círculo de amigos. Em 1930, junto com um missionário britânico e um pastor indiano, Jones fundou, em Sat Tal, o primeiro de dois *ashrams* (locais para retiro religioso) cristãos. O segundo foi instalado em Lucknow, onde, em 1950, Jones implantou o

Centro Psiquiátrico e Unidade Médica Nur Manzil, primeira instituição cristã desse tipo em território indiano.

Antes do irrompimento da guerra entre Japão e Estados Unidos, Jones foi confidente de Franklin D. Roosevelt e de líderes japoneses. Passada a guerra, lançou, em 1947, a Cruzada pela União Federativa de Igrejas. Jones morreu na Índia em 1973.

44

A igreja, não sendo absoluta, deve submeter-se ao juízo e à correção de algo maior que ela mesma, isto é, o reino de Deus. Somente quando perder a própria vida em obediência a essa Ordem mais alta, ela receberá vida de volta. Somente quando se submeter a essa autoridade maior e quando encarná-la é que terá autoridade em si mesma. Mas a igreja que se concentra em salvar sua vida acaba por perdê-la; pautando-se em pretensões nobres, mas com pouca autoridade moral, ela se degenera em eclesiasticismo.

Não raro, a igreja se torna um fim em si mesma: ela tem de ser servida. Supõe-se que quem a frequenta seja bom, contribua para sustentá-la e a defenda. Mas, quando ela é vista como um meio para que se cumpra o reino de Deus, toda a mentalidade muda. Um fôlego purificador a percorre. Sua grandeza resulta de sua dedicação a propósitos que vão além dela mesma.

E. STANLEY JONES, *AO LONGO DA ESTRADA INDIANA*, P. 188-189

Ó Senhor, nosso Pai celestial, cujo Filho é, como cantamos, "da igreja o fundamento", pois nele "alicerçada, segura e firme [a igreja] está, e sobre a rocha eterna jamais se abalará", nós te rogamos que impeças teus servos de edificar sobre qualquer outro fundamento diferente daquele que já está posto, e que, pela inspiração do Espírito Santo, tu nos corrijas onde quer que erremos, nos fortaleças em nossos fraquezas e nos encorajes a persistir no que é correto, para que assim sejas glorificado na igreja, por meio do mesmo Jesus Cristo, nosso Senhor e Salvador. Amém.

REVERENDÍSSIMO FRANK F. LIMEHOUSE III; SAMUEL J. STONE,
"DA IGREJA O FUNDAMENTO", HINÁRIO

PARA REFLETIR: Sl 45.6; Dn 2.44; Mt 6.9-13; Mc 1.15; Lc 1.31-33; At 4.11-12; 1Co 3.11; 15.20-28; Hb 12.18-28; Ap 21.1-4

As palavras "discípulo" e "disciplina" soam semelhantes; e de fato o são. Não há discipulado sem disciplina.

Mas a disciplina foi abandonada por grande parte do cristianismo protestante. E é possível entender o porquê. Enfatizamos a responsabilidade individual para com Deus e a doutrina da graça. Quando ensinamos essa doutrina, dizemos que penitências, domínio próprio e boas obras não podem nos garantir a salvação, pois somos alvos pela graça redentora de Deus. Então, deixamos a disciplina de lado e, agindo assim, lançamos fora o bebê junto com a água do banho. Descartamos a disciplina, tanto na esfera individual quanto na coletiva. De fato, a salvação é pela graça de Deus, mas demanda disciplina para que seja individual e coletivamente efetiva.

[Contudo, movimentos cristãos que praticam tais disciplinas] não representam o reino de Deus; antes, são meros simulacros desse reino, sob cuja elevada disciplina devem estar. Somente assim poderão salvar-se da presunção de santidade e do senso de justiça própria.

E. Stanley Jones, *Ao longo da estrada indiana*, p. 208-209

Pai celestial e misericordioso, que nos ensinaste nas Escrituras Sagradas que somos justificados pelo dom da tua graça, não permitas que, em nossa liberdade, abandonemos a ti e confiemos em nossos próprios recursos; antes, "manda para longe de nós todo desejo impuro, inclina nosso coração ao cumprimento da tua lei e guia nossos pés pelo caminho de paz". Assim, permanecendo obedientes a ti em tudo, quando findarem nossos dias na terra nós nos alegraremos e te renderemos graças, por meio de Jesus Cristo, nosso Senhor. Amém.

Reverendíssimo Frank F. Limehouse III; "Coleta pela renovação da vida", Oração matinal diária: rito 2, LOC

PARA REFLETIR: Pv 12.1; **Rm 6.23**; 1Co 3.1-4,16-23; 6.12-20; 9.19-27; 10.23-24; Fp 3.7-21; 4.8-9; Tt 1.8; Hb 12.5-11; Tg 1.19-27; 2.8-24; 3.1-12; 1Jo 2.1-29

46

Os construtores da civilização procuram erguê-la sem Cristo. De fato, achamos que poderíamos deixá-lo como mero objeto decorativo, apenas para que o edifício se mostrasse religiosamente respeitável. Não fizemos dele a fundação; não construímos sobre ele. Pensamos que ele não fosse viável. Agora, a civilização desmorona à nossa volta. Os fundamentos estão errados; são desprovidos de Cristo e, por isso, vêm abaixo. Esses "construtores" — os especialistas — nos decepcionaram, pois falharam com Cristo. Todas as tentativas que fizeram no sentido de garantir a diplomacia, o equilíbrio de poder, a segurança amparada em armas e o nacionalismo egoísta nos levaram à ruína. A bancarrota desses métodos se desnudou diante de nós, e agora precisamos recomeçar. Desta vez, Jesus não deve ser meramente decorativo, mas consistir, ele mesmo, no fundamento. Essa é nossa única esperança.

E. Stanley Jones, *Vida vitoriosa*, p. 344

Deus eterno e todo-poderoso, a história da nossa salvação, tal como revelada nas Escrituras, não é teoria nem mera filosofia, mas, sim, o relato de como tu ages poderosamente na história humana, culminando na morte sacrificial e na ressurreição do teu Filho, Jesus Cristo. Mantém-nos arraigados nesta realidade objetiva, para que sinalizemos a comunhão do teu reino àqueles que não te conhecem; por meio de Jesus, nosso Salvador, que vive eternamente contigo e com o Espírito Santo. Amém.

Reverendíssimo Frank F. Limehouse II

PARA REFLETIR: Sl 18.31; Is 28.16; Jr 17.5-18; **Mt 12.21; 16.18; 21.44; Rm 9.33;** Hb 1.10; **1Pe 2.4-5;** Ap 11.15; 21.1-4

Para experimentar uma vida vitoriosa, devemos vencer o medo do fracasso. Mas como? Em primeiro lugar, olhando para o pior que nos pode acontecer. Imagine que você venha a fracassar. Acaso ficaria mesmo pior do que está agora? Dificilmente. Porque, nessa inércia em que se encontra, você já está em queda. Suponha que você falhe em obedecer ao que sentiu ser o chamado de Deus para sua vida. Será que estará falhando mesmo? Pouco provável, pois, a própria obediência já é o sucesso. Não é da sua conta se você é bem-sucedido ou não — sua responsabilidade é ser fiel ao chamado de Deus. Os resultados estão nas mãos dele. Além disso, Deus tem seu próprio jeito de transformar fracasso em vitória incontestável. A cruz é o maior fracasso do mundo, mas nós nos agarramos a esse fracasso como se fosse a última esperança. Deus tem um jeito de tornar a cruz de seu fracasso em sucesso supremo.

E. STANLEY JONES, *VIDA VITORIOSA*, P. 215

Pai eterno, que não vês como o ser humano e que fizeste "a sabedoria deste mundo parecer loucura", concede a nós, teus servos, coragem em relação àquilo em que tememos fracassar, a fim de que usemos os talentos que nos deste e que o façamos com coração fiel a ti em vez de buscar o sucesso conforme o mundo o define, pois sabemos que fazes "todas as coisas cooperarem para o bem daqueles que te amam e que são chamados de acordo com teu propósito", por meio de Jesus Cristo, nosso Senhor. Amém.

REVERENDÍSSIMO FRANK F. LIMEHOUSE III; ROMANOS 8.28;
1CORÍNTIOS 1.20

PARA REFLETIR: **1Sm 16.7**; Sl 23.1-6; 27.1; 56.3-4; 91.1-16; Is 41.10; Mt 10.29-31; Jo 16.13; **Rm 8.15,28,38-39**; **1Co 1.20**; 2Tm 1.7; Hb 13.6; 1Pe 5.6-7; 1Jo 4.16-18

KARL BARTH
(1886–1968)

Nenhum teólogo do século 20 é tão influente quanto Karl Barth. Ele foi o principal impulsionador do que se denomina teologia neo-ortodoxa ou teologia neorreformada (ou, ainda, teologia dialética). Seu nome é citado juntamente com os de Tomás de Aquino, João Calvino e Friedrich Schleiermacher, e é lendária sua oposição às forças nazistas que intencionavam reduzir a igreja à condição de marionete. Barth foi quem mais inspirou Dietrich Bonhoeffer e quem idealizou a Declaração de Barmen, um documento ousado que contrapõe o evangelho ao nazismo. Barth também foi o principal responsável por investigar a onda teológica liberal que se espalhou amplamente sobre diversas universidades e seminários europeus e norte-americanos.

Karl Barth nasceu em Basel, na Suíça, filho de um ministro reformado. Em 1904, começou a estudar teologia na Universidade de Berna, mas foi na Alemanha que prosseguiu com os estudos. Uma vez ordenado, serviu como pastor em Genebra (1901–1911) e na pequena Safenwil, uma vila de operários (1911–1912). Em 1913, casou-se com Nelly Hoffmann, aluna de sua primeira turma de confirmação em Genebra.

Em agosto de 1914, a teologia liberal de Barth foi abalada por um manifesto assinado por 93 intelectuais alemães em apoio às aspirações militares do imperador Guilherme II. Até então, Barth apreciava o trabalho de alguns professores liberais que assinaram tal documento. Porém, a capitulação desses homens ao militarismo fez que ele se desse conta de que não poderia abraçar a frouxa teologia defendida pelo grupo. Então Barth mergulhou no estudo das Escrituras, em particular a epístola de Paulo aos Romanos. Em 1919, publicou seu comentário sobre Romanos, *Der Römerbrief*, que teve o efeito de uma bomba teológica. Na obra, Barth introduzia uma noção de teologia voltada tão somente a Deus em sua soberania autônoma em contraponto à humanidade, sobretudo ao ser humano religioso. O teólogo suíço descobriu na Bíblia um mundo novo e inusitado, habitado pela soberania, pela glória e pelo inexplicável amor de Deus.

É certo que, em *Jesus Cristo*, tal como é descrito nas Sagradas Escrituras, não estamos lidando com o homem em abstrato. [...] Mas também não estamos lidando com *Deus* em abstrato; não com aquele que, em sua deidade, só existe separado do homem, distante e estranho e, por isso mesmo, não humano — para não dizer um Deus inumano. Em Jesus Cristo, Deus não se isola do homem, nem o homem de Deus. Em vez disso, em Cristo encontramos a história, o diálogo no qual Deus e o homem se encontram e se juntam, a realidade da aliança *mutuamente* estabelecida, preservada e cumprida. A pessoa de Jesus Cristo é verdadeiramente *Deus*, companheiro leal do ser humano, e verdadeiramente *homem*, companheiro leal de Deus. Jesus é o Senhor que se deixou humilhar para alcançar comunhão com o homem e, igualmente, o Servo que se deixou exaltar para alcançar comunhão com Deus. Ele é ambos, sem que se confundam e sem que se dividam.

Karl Barth, A humanidade de Deus, p. 46-47

Deus todo-poderoso, cujo Filho "não considerou que ser igual a Deus fosse algo a que devesse se apegar", mas que "esvaziou a si mesmo; assumiu a posição de escravo e nasceu como ser humano"; ele "veio em forma humana, humilhou-se e foi obediente até a morte, e morte de cruz"; nós adoramos o santo nome de Jesus porque tu o elevaste "ao lugar de mais alta honra" e lhe deste "o nome que está acima de todos os nomes", para que, ao nome dele, "todo joelho se dobre, nos céus, na terra e debaixo da terra, e toda língua declare que ele é Senhor". Amém.

Reverendíssimo Frank F. Limehouse III; Filipenses 2.6-11

PARA REFLETIR: Dt 31.6; Is 7.14; 41.10; Sf 3.17; Mt 1.18-23; 6.25-34; Jo 1.1-14; Rm 8.38-39; 1Co 8.6; **Fp 2.6-11**; Cl 1.15-20; 1Jo 2.1-6, 5.20; Ap 1.14-16

Jesus Cristo é o Mediador, o Reconciliador entre Deus e o homem. Ele vem na direção do *homem* em nome de *Deus*, chamando e despertando para a fé, o amor e a esperança; e vai na direção de *Deus* em nome do *homem*, a quem representa, prestando contas e intercedendo. [...] Assim, Jesus garante ao homem a livre *graça* de Deus e, ao mesmo tempo, garante a Deus a livre *gratidão* do homem. Desse modo, Jesus estabelece em si a justiça de Deus perante o homem, e a justiça do homem perante Deus. Desse modo, ele é a plenitude da aliança, o reino dos céus que está próximo, no qual Deus fala e o homem ouve, Deus dá e o homem recebe, Deus ordena e o homem obedece, a glória divina brilha nas alturas e dali alcança as profundezas, e a paz vem à terra para estar entre aqueles de quem ele se agrada.

KARL BARTH, *A HUMANIDADE DE DEUS*, P. 47

Deus todo-poderoso, em um ato que certamente assombrou as hostes celestiais, tu enviaste ao mundo teu Filho unigênito, para que ele fosse o Mediador entre ti e os pecadores e, suportando nossos pecados, se tornasse também nosso amado Reconciliador. Desperta agora nosso coração para receber Jesus como Senhor e Salvador, a fim de que alegre e livremente nós te rendamos graças adequadas ao teu maravilhoso amor; por meio do mesmo Jesus Cristo, que vive contigo e com o Espírito Santo. Amém.

REVERENDÍSSIMO FRANK F. LIMEHOUSE III

PARA REFLETIR: Jo 5.19-24; 7.37-39; 10.1-42; 14.6; 17.1-26; At 2.22-36; 2Co 5.21; Cl 2.9-15; **1Tm 2.5;** Hb 1.1-14; 8.6; 9.15; 12.24

50

Quando nós, cristãos, falamos de "Deus", devemos deixar claro que essa palavra significa desde o início aquele que é fundamentalmente Outro, e que não deve ser confundido nem equiparado com hipóteses, ilusões, ideias e especulações humanas. Diferente de todos os outros deuses, o Deus da confissão cristã não é encontrado ou inventado ou, por fim, descoberto pelo homem; ele não é o cumprimento de algo que o homem imaginava procurar. [...] Mas nós, cristãos, falamos dele como alguém que ocupa totalmente o lugar de quaisquer outras coisas comumente chamadas de "Deus", e que portanto suprime e exclui todas elas, afirmando ser ele mesmo a única verdade. Se não houver esse discernimento, ainda não se compreendeu o que significa o "Creio em Deus" confessado pela igreja cristã. E o significado é que o homem encontrou a Realidade que nunca procurou nem descobriu.

KARL BARTH, *ESBOÇO DE UMA DOGMÁTICA*, P. 36

Deus todo-poderoso, uma vez que o finito não pode alcançar o infinito e que a criatura não pode descobrir o Criador, tu, em misericórdia e amor por este mundo decaído e pecaminoso, revelaste a ti mesmo como Pai, Filho e Espírito Santo; concede agora que amemos e adoremos somente a ti, o único e verdadeiro Deus, fechando os ouvidos para mestres dedicados em corresponder às noções humanas acerca de quem tu és e dando a glória devida apenas a ti, por teu santo nome. Amém.

REVERENDÍSSIMO FRANK F. LIMEHOUSE III

PARA REFLETIR: Êx 3.13-22; Sl 139.7-12; Is 6.1-5; 40.10-17,21-23; 42.5-13; 44.9-17,24-28; Lc 1.49,24-28; Lc 1.49; At 17.24-26; Gl 4.8-11; Ef 4.4-6

Não podemos falar em termos abstratos do favor de Cristo. Devemos conhecer seu favor em ação, a fim de que o conheçamos.

Tal favor consiste nesta verdade revelada: Deus foi feito homem em benefício de mim, um homem. Pronunciar o nome de Jesus Cristo significa reconhecer que somos cuidados, que não estamos perdidos. Jesus Cristo é a salvação do homem em todas as circunstâncias e diante de tudo o que assombra a vida, inclusive do mal que procede do próprio homem. Não há nada que já não tenha sido feito bom nisso, isto é, em que Deus se tornou homem para nosso bem. Tudo o que resta não passa da descoberta desse fato. Nossa existência não tem como cenário uma espécie de incerteza sinistra; nós existimos por meio de Deus, que nos mostrou sua graça antes que viéssemos a existir. [...] Ele assim agiu a fim de que haja salvação para tudo o que estiver perdido.

Karl Barth, Esboço de uma dogmática, p. 70-71

Ó Senhor, nosso Pai celestial, cujo Filho veio em carne para salvar a raça humana do perecimento e para revelar que "não há salvação em nenhum outro", pois "não há nenhum outro nome debaixo do céu, em toda a humanidade, por meio do qual devamos ser salvos", concede que perdidos de toda língua e nação olhem para Cristo e encontrem amor em meio à impiedade, esperança em meio ao desespero e luz em meio à escuridão, para que tu sejas louvado no mundo assim como és no céu, por meio do próprio Jesus Cristo, nosso Senhor. Amém.

Reverendíssimo Frank F. Limehouse III; Atos 4.12

PARA REFLETIR: Is 43.10; Jo 6.50-71; 14.17; 20.19-23; **At 4.12;** Rm 5.11; 15.13; 1Co 15.1-58; Ef 2.8-9; Fp 3.7-11; Cl 1.11; Hb 1.3; 1Jo 2.1-5, Ap. 22.17

Se as falas humanas sobre Deus se propõem proclamá-lo, isso só mostra o anseio por servir a Palavra de Deus e, assim, apontar para o enunciado primordial, feito pelo próprio Deus. A proclamação não pode assumir-se como Palavra de Deus, pois Deus é quem santifica o ser humano [porta-voz] para ser sua testemunha. O desejo humano só pode ser o desejo de aceitar uma tarefa. É parte fundamental do discernimento da verdadeira profecia compreender que o homem, em si, não tem nenhuma condição de pronunciar a Palavra de Deus. A intenção da fala humana sobre Deus destinada à proclamação não é a graça, mas estar a serviço da graça ou mediá-la. Se o desejo em questão corresponder ao desejo humano de alcançar algo além de si mesmo e colocar-se, com sua palavra sobre Deus, no lugar do próprio Deus, isso consistirá em rebeldia blasfema.

KARL BARTH, DOGMÁTICA ECLESIÁSTICA, VOL. I, PARTE I, P. 53

Deus eterno e celestial, que em Cristo, nosso Senhor, reconciliaste contigo o mundo e nos confiaste a "mensagem maravilhosa de reconciliação", concede que reconheçamos nosso chamado a sermos fiéis "embaixadores de Cristo"; faz teu "apelo por nosso intermédio", pois "não andamos por aí falando de nós mesmos, mas proclamamos que Jesus Cristo é Senhor" e que somos servos por causa desse mesmo Jesus, que reina eternamente contigo e com o Espírito Santo. Amém.

REVERENDÍSSIMO FRANK F. LIMEHOUSE III;
2CORÍNTIOS 4.5; 5.19-20

PARA REFLETIR: Sl 1.1-3; Is 52.7; 55.11; Mt 4.4; 9.37-38; Lc 4.18; 8.11-15; 1Co 2.12-13; **2Co 4.5; 5.19-20;** Cl 3.16; Hb 4.12; Tg 1.21-23; 1Pe 1.23-25; 2Pe 2.1-22

A sucessão apostólica significa que a igreja é guiada pelo cânone, ou seja, pela palavra profética e apostólica, que condiciona a validade de toda palavra na igreja. Isso deve significar que a igreja sucede os profetas e os apóstolos em seu ofício de proclamar, e o faz de maneira tal que a proclamação deles precede a dela livre e independentemente, enquanto a proclamação da igreja se vincula à deles, devendo-lhe obediência e sendo por ela abalizada. [...] Na condição escrita do cânone, enquanto *scriptura sacra* [sagrada escritura], ancoram-se a autonomia e a independência [profética ou apostólica do escritor] e, consequentemente, sua livre preeminência à frente da igreja e da natureza viva da sucessão apostólica.

KARL BARTH, *DOGMÁTICA ECLESIÁSTICA*, VOL. I, PARTE I, P. 104

Ó Deus e Pai de nosso Senhor Jesus Cristo, assim como teu servo Judas entendeu que devia insistir que seus leitores defendessem "a fé que, de uma vez por todas, foi confiada ao povo santo", também cremos ser necessário defender a ininterrupta sucessão da verdade apregoada pelos profetas e guiada pelos apóstolos. Sustém-nos pela presença perene de teu Santo Espírito, para que tua igreja permaneça firme contra as heresias e os falsos ensinamentos que nos assolarão até o fim dos tempos. Amém.

REVERENDÍSSIMO FRANK F. LIMEHOUSE III; JUDAS 1.3

PARA REFLETIR: Nm 27.22-23; Mt 28.16-20; Lc 9.1-2; 10.1-3; 24.47; Jo 17.18; 20.21; At 1.8; 13.1-4; Rm 10.15; 2Co 5.20; **Ef 2.20;** 1Tm 4.14-16; 2Tm 1.6; 2.1-2; **Jd 1.3**

Há a possibilidade de uma genuína fidelidade humana em relação à fidelidade divina. [...] Se é verdade que, ainda que tímida e hesitantemente, um homem possa ser cristão, e ainda que com muitas qualificações ele seja seriamente referido como tal, isso significa que, apesar da condição do homem que foi, é e será, não permanecerá o mesmo, pois terá se tornado alguém diferente. Ele agora vive com um novo caráter, que o torna estranho para si e para os que o rodeiam. A despeito de identificar-se consigo mesmo, ele também é diferente de si próprio. Tornou-se portador de um novo nome. Se não houver inevitável assombro diante dessa verdade, é sinal de que a bússola indicativa do que significa para um homem tornar-se fiel ao Deus fiel não foi apenas meramente subestimada, mas totalmente abandonada.

Karl Barth, Dogmática eclesiástica, vol. 4, parte 4, p. 3

Deus misericordioso, nosso Salvador nos ensinou que, a menos que nasçamos de novo, não podemos ver o teu reino, pois o que é nascido da carne é carne. Dá-nos um novo nascimento a fim de que vejamos a nós mesmos e ao mundo como tu vês e creiamos que as coisas outrora lançadas ao chão estão sendo reerguidas, que as coisas velhas têm sido renovadas e que tudo está sendo levado à perfeição por aquele por meio de quem tudo se fez, teu Filho Jesus Cristo, nosso Senhor. Amém.

Adaptado de "Coletas solenes", Sexta-Feira Santa, LOC

PARA REFLETIR: Jo 3.1-15; 6.63; At 2.38-39; Rm 6.1-4; 2Co 5.17; Cl 1.15-20; 1Pe 1.3-5,23; 3.18-22; 2Pe 1.4; 1Jo 1.7; Jd 1.24-25

A Palavra de Deus é a Palavra que Deus *pronunciou, pronuncia e pronunciará* em meio aos homens. Independentemente de ser ouvida ou não, ela é, em si, direcionada a todo homem. É a obra da Palavra de Deus sobre os homens, para os homens e com os homens. A obra divina não é inaudível; de fato, ela soa em alta voz. Uma vez que somente Deus pode fazer o que faz, somente ele pode dizer em sua obra aquilo que diz. E, uma vez que sua obra não é dividida, mas única (ainda que assuma diversas formas entre sua origem e sua realização), sua Palavra também é simples e única (ainda que revele exuberante riqueza). Ela não é ambígua, mas unívoca; não é obscura, mas clara. Em si mesma, porém, é facilmente inteligível tanto para o mais sábio quanto para o mais tolo. [...] Não há liberdade a não ser mediante a Palavra de Deus, o Evangelho.

Karl Barth, Introdução à teologia evangélica, p. 18-19

Deus eterno, assim como ontem, hoje e para sempre, tua palavra é "viva e poderosa", "mais cortante que qualquer espada de dois gumes, penetrando entre a alma e o espírito, entre a junta e a medula, e trazendo à luz até os pensamentos e desejos mais íntimos". Deus, ajuda-nos a rejeitar "todos os atos vergonhosos e métodos dissimulados", para que não procuremos "enganar ninguém", nem distorcer tua palavra. Em vez disso, que digamos "a verdade diante de Deus", e que todos saibam disso; por meio de Cristo, nosso Senhor. Amém.

Reverendíssimo Frank F. Limehouse III;
2Coríntios 4.2; Hebreus 4.12

PARA REFLETIR: Jo 5.24,30-47; 6.63; 8.31-33,41-43; 14.6; 15.1-11; 17.14-17; Rm 10.17; 1Co 2.1-16; **2Co** 2.17; **4.2;** 5.14-21; 6.4-10; Ef 5.25-27; Cl 3.16; **Hb 4.12**

SADHU SUNDAR SINGH
(1889–1929)

Sadhu Sundar Singh foi um "santo" reverenciado por muita gente, na Índia e em outras partes do mundo, pelo modo simples e convidativo com que apresentava a fé cristã. Quando tinha 30 anos, seu nome e seu retrato se tornaram populares em boa parte da cristandade. Singh nasceu em 3 de setembro de 1889, no norte da Índia. Foi criado no siquismo, religião que combina elementos do islã e do hinduísmo. Frequentou uma escola primária dirigida por missionários norte-americanos, onde as Escrituras eram lidas diariamente. No entanto, ele se recusava a participar dessas leituras. Embora as histórias sobre o amor de Deus fossem atraentes, Singh as considerava falsas.

Aos 14 anos, perdeu a mãe, o que lhe causou muita revolta. Chegou a queimar uma cópia dos evangelhos, mas sua infelicidade só aumentou. Em dezembro de 1903, Singh pediu a Deus que se revelasse a ele. Logo seu quarto foi tomado por um clarão, e um homem lhe apareceu dizendo: "Por quanto tempo ainda me negará? Eu morri por você" (*Sadhu Sundar Singh*). Sundar caiu de joelhos e experimentou paz e alegria exuberantes. A despeito da intensa oposição familiar, foi batizado em seu aniversário de 16 anos, em 1905.

Em outubro de 1906, vestindo um turbante e uma túnica alaranjada como um *sadhu* (um asceta hindu), Singh começou sua jornada como mensageiro cristão. Determinado a contar a todos sobre o amor de Deus, seguiu para o norte, em uma viagem na qual atravessou diversos países e sofreu perseguição religiosa; por fim, voltou para casa. As comunidades cristãs o chamavam de "apóstolo dos pés sangrentos".

Por uma curta temporada, Singh estudou para a ordenação como sacerdote anglicano. Contudo, não conseguiu se adaptar nem se submeter aos requisitos vinculados à ordenação anglicana. Segundo ele, eram regras irrelevantes para o evangelho de que a Índia carecia. Para que se difundisse no país, a Palavra deveria ser apresentada de forma adequada para os indianos.

56

Deus é amor e, em toda criatura, principalmente no homem, ele colocou a capacidade de amar. Assim, é certo que o Deus de Amor, que nos deu vida, propósito e amor, deve receber de volta esse tributo amoroso. Se a dádiva de Deus não for usada corretamente, se falharmos em amar, com todo o coração, a alma, a mente e a força, aquele que nos revestiu de amor, então o próprio amor deixará sua condição elevada e se tornará egoísmo. E o desastre virá sobre nós e sobre todas as criaturas de Deus. Pessoas egoístas, por incrível que pareça, se tornam assassinas de si mesmas.

Quando alguém ama a Deus e ao seu próximo como a si mesmo, e o faz com todo o coração, a mente e a alma, não há espaço para dúvidas acerca de Deus. O reino de Deus, que não terá fim, se estabelece nessa pessoa. Moldada e amalgamada na chama do amor, ela é transformada à imagem do Pai celestial, como foi no início.

Sadhu Sundar Singh, *Aos pés do Mestre*, parte 1, seções 2, 4

Pai celestial, tu nos fizeste à tua imagem e para ti mesmo. Quando estivermos ansiosos por algo que nada no mundo pode satisfazer, dá-nos sabedoria para ver que fomos feitos para outro mundo, teu reino eterno, e dá-nos ouvidos fiéis para ouvir a verdade de que "quem vence a batalha contra o mundo" é aquele que "crê que Jesus é o Filho de Deus". Amém.

Reverendíssimo Frank F. Limehouse III; 1João 5.5

PARA REFLETIR: Dt 6.5; Mt 7.11; Mc 12.29-31; Lc 10.27; Jo 6.50-71; 14.23-24; 15.12-14; Rm 1.18-32; 1Co 12.7-11; 1Pe 4.8,10; **1Jo 4.19; 5.5**

O espírito humano habita o corpo assim como o pintinho incubado habita sua casca. Se fosse possível dizer ao pintinho que aqui fora há um mundo imenso, cheio de frutas e flores, montanhas imponentes e rios, que sua mãe o aguarda sair e que tudo isso está à disposição dele, ele nada entenderia. Se alguém lhe dissesse que aquelas penugens ainda tão novas um dia seriam capazes de voar, ele não acreditaria. Nada lhe poderia provar a existência dessas coisas antes que ele deixasse a casca.

De maneira semelhante, muitas pessoas são incertas quanto à existência de Deus e à vida futura porque não conseguem ver para além do corpo de carne que lhes serve de casca. Seus pensamentos, como asas em formação, não podem levá-las para além de sua compreensão limitada. Fracos, seus olhos não podem ver os tesouros eternos e imperecíveis que Deus preparou para os que o amam. A condição para chegar à vida eterna é que, ainda habitando este corpo, devemos, por fé, receber do Espírito aquele calor vivificante que o pintinho recebe de sua mãe enquanto ainda ocupa o ovo. Do contrário, seguiremos para a morte eterna.

Sadhu Sundar Singh, Aos pés do Mestre, parte 1, seções 2, 7

Nosso Pai misericordioso que estás no céu, "nós, os pecadores, não podemos ver tua glória sem tremor"; portanto, enquanto ainda estivermos neste corpo, concede-nos fé pelo Espírito Santo para que reconheçamos que tens tesouros eternos para todos os que te amam e que as coisas que podemos encontrar neste mundo nada são quando comparadas com a glória que nos revelarás por meio de Jesus Cristo, nosso Senhor, a quem sejam a honra e a glória, juntamente contigo e com o Espírito Santo, agora e para sempre. Amém.

Reverendíssimo Frank F. Limehouse III; Reginald Heber
(1783–1826), "Santo, Santo, Santo", trad. de João Gomes da
Rocha (1861–1947), Hinário; Romanos 8.18

PARA REFLETIR: Sl 119.18; **Is 63.4; 65.17;** Mt 6.23; 13.15; Jo 3.19; 8.12; 14.26; **Rm 8.18,**26-27; 1Co 2.9-11; 2Co 4.4; Gl 3.14; Ef 1.13-19; 4.17-24; 1Ts 5.4-7

◇◇◇◇◇◇ **58** ◇◇◇◇◇◇

O Mestre: Nunca se esqueça de que questões religiosas e espirituais relacionam-se menos com a cabeça e mais com o coração, que é o templo de Deus. Quando o coração está cheio da presença de Deus, o mesmo ocorre com a cabeça. A mente e o olhos do entendimento nada são sem a Verdadeira Luz, assim como nada são os olhos naturais sem a luz do dia. No escuro, alguém pode simular que uma corda é uma cobra, assim como o sábio deste mundo perverte as verdades espirituais e desorienta mentes ingênuas. Com efeito, ao seduzir Eva, Satanás não usou uma ovelha nem uma pomba, mas a serpente, o mais astuto dos animais. Por isso, Satanás toma o conhecimento do instruído e a sabedoria do sábio e os torna recursos úteis para seus propósitos. Não basta ser douto e esperto; é preciso também ter a inocência da pomba.

Minha cruz e minha expiação estão para os crentes assim como a serpente de bronze estava para os israelitas: somente os que olharem para o alto com os olhos da fé serão salvos. Contudo, algumas pessoas se queixaram desse método salvífico e acabaram perecendo.

Sadhu Sundar Singh, *Aos pés do Mestre*, parte 2, seção 2,
subseções 1-2

Deus eterno, teu profeta anunciou o dia em que as pessoas ouviriam o que dizes e não entenderiam, veriam o que fazes e não compreenderiam; nós te rogamos que, em tua graça, dês a nós, que andamos na escuridão e vivemos na "terra de trevas", "a verdadeira luz, que ilumina a todos", a fim de que contemplemos "a glória do Filho único do Pai"; por meio de Cristo, nosso Senhor. Amém.

Reverendíssimo Frank F. Limehouse III; Isaías 9.2;
Mateus 13.14; João 1.9,14

PARA REFLETIR: Nm 21.9; Is 9.2; **Mt 10.16**; **13.13-14**; Mc 4.15; **Jo 1.9,14**; **3.14-15**; 9.39-41; At 26.15-18; **1Co** 1.26-31; **4.5**; 2Co 4.2; 11.14; Ef 4.18; Cl 2.8

A oração é, por assim dizer, respirar no Espírito Santo; assim Deus derrama seu Espírito na vida daqueles que oram para que se tornem "almas viventes". Essas pessoas nunca perecerão, pois o Espírito se derrama em seus pulmões espirituais e as enche de saúde, vigor e vida eterna. Deus, que é amor, concedeu a todos o que é necessário para a vida temporal e espiritual. Porém, embora ele ofereça salvação e seu próprio Espírito gratuitamente, muitos os tratam com leviandade, sem demonstrar nenhuma gratidão ao Criador. Por outro lado, têm em alta estima os presentes divinos que lhes chegam sob a forma de ouro, prata e joias preciosas, coisas que nunca poderão satisfazer a fome e a sede do coração.

É com tal insensatez que pessoas mundanas agem em relação às coisas espirituais. Apenas àquele que ora são oferecidas sabedoria verdadeira e vida eterna. A oração nos ensina a valorizar os dons espirituais concedidos por Deus, tão necessários para a vida quanto ar e água, luz e calor. Sem eles, é impossível viver plenamente.

SADHU SUNDAR SINGH, *AOS PÉS DO MESTRE*, PARTE 3, SEÇÕES 1, 2

Ó eterno Deus de misericórdia e amor, cujo Espírito "nos ajuda em nossa fraqueza, pois não sabemos orar segundo a vontade de Deus, mas o próprio Espírito intercede por nós com gemidos que não podem ser expressos em palavras", capacita-nos, por esse teu Santo Espírito, a orar como devemos, ó Senhor, com gratidão genuína, pois tu nos deste tudo de que precisamos para esta vida e, principalmente, toda a sabedoria que nos conduzirá para a vida eterna, por meio de Jesus Cristo, nosso Senhor. Amém.

REVERENDÍSSIMO FRANK F. LIMEHOUSE III; ROMANOS 8.26

PARA REFLETIR: Gn 2.7; Mc 1.35; Lc 3.21-22; 4.1,14,18; **Jo 20.22**; **Rm 8.26-27**; Ef 6.18; Fp 4.6; Cl 3.16; 1Tm 6.10; Hb 5.7; 13.5; Jd 1.20

A oração torna possíveis coisas que, sem ela, jamais existiriam. Deus realiza feitos que não apenas são contrários às regras e aos argumentos da sabedoria mundana, como são por ela considerados impossíveis. A limitada visão científica da realidade não reconhece que Deus, que pôs em ordem todas as coisas criadas e estabeleceu leis para elas, não pode ser prisioneiro dessas mesmas leis. Embora os caminhos do grande Legislador sejam inescrutáveis, sua vontade e seu propósito eternos agem livremente no sentido de abençoar todas as suas criaturas e fazê-las prosperar.

O maior dos milagres é a nova criação mediante o Espírito Santo. Para quem experimenta esse milagre, todos os outros são possíveis. Em regiões de clima muito frio, é comum ver, durante o inverno, pontes formadas por água congelada. A superfície dos rios se solidifica, embora a água sob ela continue seguindo seu curso. Habitantes de áreas tropicais podem achar isso impossível. Essa mesma diferença de perspectiva ocorre entre os que são nascidos do Espírito e cultivam sua vida espiritual mediante a oração e os que vivem segundo a sabedoria mundana, valorizando apenas coisas materiais.

O que é espiritual só pode ser discernido espiritualmente.

SADHU SUNDAR SINGH, *AOS PÉS DO MESTRE*, PARTE 3, SEÇÕES 3, 9

Pai celestial, cujo apóstolo nos ensinou a não viver preocupados "com coisa alguma", mas, em vez disso, a orar a ti pedindo aquilo de que precisamos e agradecendo pelo que já fizeste, concede-nos sabedoria espiritual para conhecer e confiantemente acreditar que "o que é impossível para as pessoas é possível para ti", a fim de que encontremos "a paz que excede todo entendimento", por meio de Cristo Jesus, nosso Senhor, que reina eternamente contigo e com o Espírito Santo. Amém.

REVERENDÍSSIMO FRANK F. LIMEHOUSE III; LUCAS 18.27;
FILIPENSES 4.6-7

PARA REFLETIR: Dt 32.39; 1Cr 29.11-12; Sl 103.19; Is 42.5-13; 43.11-21; 44.24-28; 45.7; **Lc 18.27**; Rm 9.21; **1Co 2.14**; 2Co 5.16-21; Ef 1.4; **Fp 2.13**; 4.6-7

Certa vez, enquanto viajava pelo Himalaia, vi algo que tornou o amor de Deus muito real para mim. Ao passar por um vilarejo tibetano, notei que havia um grupo de pessoas diante de uma árvore em chamas, e toda aquela gente olhava para cima, na direção dos galhos. Quando cheguei perto, descobri uma ave entre os galhos, voando ansiosamente ao redor de um ninho cheio de filhotes. A ave mãe queria salvar seus pequenos, mas não conseguia. No momento em que o fogo atingiu o ninho, as pessoas observaram afoitas o que ela faria. Ninguém podia subir na árvore, nem ajudá-la. Era evidente que ela poderia ter levantado voo e escapado com vida, mas, em vez disso, pousou no ninho e cobriu os filhotes com suas asas. O fogo a alcançou e a transformou em cinzas. Aquela ave mostrou seu amor por seus filhotes dando a própria vida por eles. Então, se aquela pequena criatura tinha tamanho amor, o que dizer do amor de nosso Pai celestial por seus filhos? O Criador ama suas criaturas!

SADHU SUNDAR SINGH, CITADO EM FRIEDRICH HEILER, *O EVANGELHO DE SADHU SUNDAR SINGH*, DA TRAD. DE OLIVE WYON, P. 151

Deus todo-poderoso, teu amor pela raça humana ultrapassa nossa compreensão, pois, "quando estávamos completamente desamparados", tu enviaste "na hora certa" teu Filho para morrer "por nós, pecadores", mostrando-nos teu "grande amor". Que esse teu amor por nós seja conhecido em todo o mundo, por meio daquele que entregou a própria vida em nosso favor, Jesus Cristo, nosso Senhor. Amém.

REVERENDÍSSIMO FRANK F. LIMEHOUSE III; ROMANOS 5.6-8

PARA REFLETIR: Is 49.8-13; Os 11.1-4; Am 9.11-15; Mq 7.18-20; Sf 3.14-20; Mt 6.30-33; 23.27; Lc 12.4-7; Jo 3.16; 10.1-14; 15.13; **Rm 5.6-8**; 1Jo 3.16

TERESA BENEDITA DA CRUZ (EDITH STEIN) (1891–1942)

Entre as muitas pessoas que o nazismo assassinou, estava uma brilhante filósofa e teóloga chamada Edith Stein, mais conhecida como Teresa Benedita da Cruz, da Ordem dos Carmelitas Descalços. Stein, mártir e santa da Igreja Católica Romana, nasceu em Breslau, na Alemanha (hoje Wrocław, na Polônia), filha de uma devota família judia. Aos 14 anos, porém, declarou-se ateia. Estudando na Universidade de Göttingen, tornou-se protegida do renomado fenomenologista Edmund Husserl. Em 1916, obteve o doutorado em filosofia e passou a lecionar como monitora universitária, função que exerceu até 1922. Sua jornada na direção da fé cristã e da vida como freira começou com a leitura da autobiografia de Teresa d'Ávila, freira carmelita espanhola do século 16. Outro fato que contribuiu para influenciá-la foi ter testemunhado o poder da cruz de Cristo na vida de uma amiga enlutada.

Edith foi batizada em 1922. Doze anos mais tarde, e assim como fizera Teresa d'Ávila, tornou-se freira carmelita, assumindo o nome de Teresa Benedita da Cruz. O madeiro passou a ser o mote de sua teologia.

Depois de uma temporada no Carmelo de Colônia (1934–1938), ela foi transferida, por questões de segurança, para um mosteiro carmelita em Echt, na Holanda. Mas, ao ocupar esse país em 1940, os nazistas aprisionaram todos os judeus holandeses convertidos ao cristianismo. Teresa e sua irmã Rosa permaneceram sob proteção até 2 de agosto de 1942, quando foram presas e enviadas a Auschwitz, o famoso campo de extermínio mantido pelos alemães. Sete dias depois, elas morreram na câmara de gás.

Teresa da Cruz foi beatificada pelo papa João Paulo II em 1º de maio de 1987 e canonizada em 11 de outubro de 1998.

"Agora nos curvamos diante do testemunho da vida e da morte de Edith Stein, notável filha de Israel e, também, filha da Ordem Carmelita" (João Paulo II, citado em "Teresa Benedita").

62

(O poder da cruz testemunhado na vida de uma viúva enlutada fez cair as barreiras da incredulidade em Teresa, para quem a cruz de Cristo abriu o caminho da solidariedade com os que sofrem.)

Há uma ciência da cruz; não estamos lidando com uma teoria, um corpo de proposições. Tampouco estamos lidando com uma estrutura de ideias definidas de maneira razoável. Lidamos com uma verdade viva, real e eficaz. Essa verdade está arraigada em nosso íntimo, como uma semente que cria raízes e cresce, deixando nela uma marca bem nítida em nossa alma, determinando o que fazemos e o que omitimos — e, ao resplandecer para fora de nós, é reconhecida justamente nisso: em atos e em omissões, uma ciência da cruz. Desse elemento vital e dessa força que ocupam os recônditos de nosso ser, surge uma perspectiva de vida, a imagem que fazemos de Deus e do mundo; assim, podemos expressá-la mediante nosso modo de pensar.

Teresa Benedita da Cruz, *A ciência da cruz*, p. 9-10

Senhor Deus Todo-poderoso, cujo Filho compreendeu que deveria ir até Jerusalém para, ali, morrer no madeiro a fim de tirar o pecado do mundo, defende-nos contra teologias inócuas que sentimentalizam essa verdade viva, real e eficaz; faz morar em nosso coração a realidade objetiva da cruz, para que glorifiquemos devidamente o santo nome de Jesus, o único nome "debaixo do céu, em toda a humanidade, por meio do qual devamos ser salvos". Amém.

Reverendíssimo Frank F. Limehouse III; João 1.29; Atos 4.12

PARA REFLETIR: Mt 10.37-38; 27.42; **Jo 1.29;** 19.16-37; **At 4.12;** 1Co 1.17-31; Gl 6.14; Ef 2.1-22; Fp 2.8; Cl 1.15-23; Hb 12.1-3

Esses são os sinais evidentes de que a natureza humana existe em condição de degeneração da qual resulta uma inabilidade para responder às verdades da fé de modo compatível com o valor que elas têm. Isso pode derivar de uma mente apática, de indiferença ordinária ou de desinteresse em relação a algumas impressões, motivado pelo hábito de insistir em ignorá-las.

Some-se a isso uma preocupação com questões próprias, uma preocupação que se recusa a focalizar qualquer outra coisa.

Mas, onde há fé genuína, vigorosa, a doutrina da fé e os "feitos notáveis" dão substância à vida. Tudo o mais fica em segundo plano e é influenciado pela fé. Isto é *realismo santo*: a íntima receptividade da alma renascida no Espírito Santo. Qualquer coisa com que a alma depare é recebida com a devida profundidade e encontra uma energia vivificante, dinâmica e dócil, que, livre de inibições, se permite ser fácil e alegremente conduzida e moldada por aquilo que se recebeu.

TERESA BENEDITA DA CRUZ, *A CIÊNCIA DA CRUZ*, P. 10-11

Pai celestial e misericordioso, tu nos ensinaste em tua Palavra que, na igreja ou fora dela, a espiritualidade morna e indiferente é abominação aos teus olhos; incita na alma do teu povo, mediante a habitação do Espírito Santo, uma fé genuína e vigorosa para que, sendo espiritualmente avivados, nós nos maravilhemos de novo, com grande alegria e gratidão, diante de teus feitos notáveis em nosso favor e para nossa salvação, por meio de Cristo, nosso Senhor, que reina contigo e com o Espírito Santo, agora e para sempre. Amém.

REVERENDÍSSIMO FRANK F. LIMEHOUSE III

PARA REFLETIR: Sl 16.11; 32.11; 43.4; Is 35.10; Jo 15.11; 16.24; Rm 5.11; 8.1-4,26; 14.17; 15.13; Gl 5.22-23; Fp 4.4-8; Cl 1.11; 1Pe 1.8; **Ap 3.16**

◇◇◇◇◇◇◇ **64** ◇◇◇◇◇◇◇

Então, encontrei em mim mesma outro tipo de ser que não vem de mim, mas serve de amparo e alicerce para a criatura desamparada e desalicerçada que sou.

Há duas maneiras pelas quais posso reconhecer esse ser eterno como meu alicerce. Uma é mediante a fé, quando Deus se revela Criador e Sustentador e quando nosso Redentor diz: "Quem crê no Filho de Deus tem a vida eterna". Assim, nessa declaração, encontro resposta para os enigmas do meu próprio ser. E quando Deus me diz, por meio do profeta, que é mais fiel a mim do que meu pai e minha mãe, que ele mesmo é o amor, então entendo quão "racional" é minha confiança no braço que me carrega e quão tolo é meu medo de ser vítima da futilidade — a menos que eu me aparte dessa custódia acolhedora.

TERESA BENEDITA DA CRUZ, "CARREGADA POR BRAÇO FORTE",
EM ESCRITOS ESSENCIAIS, P. 68

Ó Deus, nosso Criador, Redentor e Sustentador, que prometeste vida eterna a todo o que crer em teu Filho e garantiste que "nada, em toda a criação, jamais poderá nos separar do amor de Deus revelado em Cristo Jesus, nosso Senhor", concede-nos que, estando bem arraigados na "fé que, de uma vez por todas, foi confiada ao povo santo", encontremos a paz que o mundo não pode dar e a esperança que não nos frustra, pois o amor de Deus foi derramado em nosso coração por intermédio do Espírito Santo concedido a nós. Amém.

REVERENDÍSSIMO FRANK F. LIMEHOUSE III; ROMANOS 8.39;
JUDAS 1.3

PARA REFLETIR: Dt 1.31; Sl 18.1-6; 19.14; 28.7; 46.1; 68.19; Is 12.1-6; 25.1-4; 40.9,27-31; **Jo 3.36; Rm 5.5; 8.39;** 2Co 4.7-18; Ef 6.10-20; Fp 4.8-9; **Jd 1.3**

(Esta exortação, datada de 14 de setembro de 1939, foi ministrada às freiras carmelitas no mosteiro em Echt — onde Edith estava abrigada por questões de segurança — por ocasião da renovação anual dos votos dessas irmãs.)

Os seguidores do anticristo profanam as imagens da cruz e fazem todo o esforço para arrancá-la do coração dos cristãos. E, com muita frequência, têm sido bem-sucedidos. [...] Vocês se manterão fiéis ao Crucificado? Pensem nisso com atenção! O mundo está em chamas, a batalha entre Cristo e o anticristo foi declarada. A decisão por Cristo pode lhes custar a vida. Considerem cautelosamente a promessa que estão fazendo, pois é dirigida ao Senhor dos céus e da terra. Se não estiverem absolutamente resolutas quanto à intenção de cumpri-la, vocês cairão nas mãos do Deus vivo.

Cristo veio ao mundo não para fazer sua própria vontade, mas a vontade de seu Pai. Se pretendem ser a noiva do Crucificado, devem renunciar totalmente aos próprios anseios e não desejar nada além de cumprir a vontade de Deus.

Teresa Benedita da Cruz, "Elevação da cruz", em
A vida escondida, p. 131-132

Ó Deus, que com tua misericórdia amparas os desamparados, veste em nós tua armadura, para que permaneçamos "firmes contra as estratégias do diabo", pois "não lutamos contra inimigos de carne e sangue, mas contra governantes e autoridades do mundo invisível, contra grandes poderes neste mundo de trevas e contra espíritos malignos nas esferas celestiais"; assim, veste-nos de toda a tua armadura, para que resistamos "ao inimigo no tempo do mal" e, então, "depois da batalha", continuemos "de pé e firmes", para tua honra e glória, Pai, Filho e Espírito Santo. Amém.

Reverendíssimo Frank F. Limehouse III; Efésios 6.11-13

PARA REFLETIR: Mt 8.20; Lc 9.23-26; 14.25-33; 22.42; Jo 6.35-40; Rm 12.1-2; **Ef 6.11-13;** Fp 1.21; 2.5-8; 3.18-19; 2Ts 2.3-4,16; 1Tm 4.10; 1Jo 2.22; 4.1-3

A obediência santa ata nossos pés e, assim, eles não seguem mais os próprios caminhos, mas os de Deus. Os filhos do mundo alegam ser livres quando não se sujeitam à vontade de outrem, quando ninguém os impede de satisfazer seus desejos e inclinações. Em nome desse sonho de liberdade, envolvem-se em batalhas sangrentas e sacrificam a própria existência. Os filhos de Deus veem a liberdade sob outra perspectiva. Querem seguir o Espírito de Deus de maneira desimpedida e sabem que os maiores impedimentos não vêm de fora, mas habitam dentro de nós. A razão e a vontade humanas, cujo anseio é serem senhoras de si, não se reconhecem suscetíveis à influência de suas inclinações naturais e ao risco de serem por estas escravizadas. Não há melhor maneira de ser liberto dessa escravidão e estar aberto à orientação do Espírito do que mediante obediência santa.

TERESA BENEDITA DA CRUZ, "O CASAMENTO DO CORDEIRO", EM

A VIDA ESCONDIDA, P. 138-139

Deus eterno e todo-poderoso, que vês os filhos do mundo tomarem por liberdade o que na verdade é escravidão e seguirem "indiscriminadamente os recursos e desejos de seu próprio coração", concede que teus filhos adotivos, uma vez iluminados e transformados por teu Santo Espírito, afirmem com coração sincero aquilo que o apóstolo Paulo escreveu: "antes [éramos] escravos do pecado, mas agora [obedecemos] de todo coração a este ensino que [nos] é transmitido". Faz assim em nome de Cristo, nosso Senhor e Salvador. Amém.

REVERENDÍSSIMO FRANK F. LIMEHOUSE III;

"CONFISSÃO DO PECADO", ORAÇÃO VESPERTINA DIÁRIA:

RITO 1, LOC; ROMANOS 6.17

PARA REFLETIR: Jo 8.32; 15.1-8; **Rm 6.12-14,17**; 8.1-4; 14.13—15.6; 1Co 10.23-33; Gl 5.1,13-15; 2Tm 1.7; Tg 1.22-25; 1Pe 2.16

REINHOLD NIEBUHR
(1892–1971)

Uma lista de teólogos que tiveram significativo impacto público na história norte-americana precisa incluir Reinhold Niebuhr (cujo irmão mais novo, H. Richard Niebuhr, especialista em ética e professor na Yale Divinity School, teve influência praticamente semelhante). Niebuhr viveu e atuou numa época em que teólogos e membros do clero ainda dominavam a atenção pública. Foi capa da edição comemorativa de 50 anos da revista *Time*, publicada em 8 de março de 1948.

Criativo em sua atuação em teologia e ética, Niebuhr examinou a fé cristã sob a ótica das questões morais e políticas definidoras de seu tempo. Por mais de trinta anos, lecionou no Union Theological Seminary, em Nova York, onde mentoreou gerações de sacerdotes e professores de teologia. Em sua condição de proeminência, deu conselhos à nação norte-americana e ao mundo como um todo.

Niebuhr é conhecido por sua doutrina do realismo cristão, uma abordagem da ética cristã que busca equilibrar as reivindicações do evangelho com fatores que estão no cerne de problemas geopolíticos, morais e econômicos. Esse realismo, aperfeiçoado durante o período em que Niebuhr trabalhou como pastor em Detroit e como professor de seminário, o tornou influente na igreja e no debate público. Parte dessa abordagem por ele defendida consistia em um lúcido reconhecimento de como o pecado original assola as relações humanas.

Niebuhr nasceu em Wright City, Missouri, em um lar de imigrantes alemães. Seu pai, Gustav, era pastor evangélico. Como a família falava alemão em casa e na igreja, não foi fácil para os filhos estudar nas escolas norte-americanas. Em 1913, Reinhold ingressou na Yale Divinity School. Depois da graduação, tornou-se pastor de uma congregação composta por famílias de classe operária em Detroit e começou a relacionar a fé cristã aos desafios sociais, econômicos e políticos enfrentados no cenário industrial dos Estados Unidos. Como pastor em Detroit, preocupou-se particularmente com a condição dos funcionários das fábricas de automóveis de Henry Ford.

[A doutrina cristã do pecado original] fornece uma importante contribuição para toda razoável teoria social e política. A ausência dessa doutrina privou de bom senso as teorias convencionais, visto que essa doutrina enfoca uma realidade atestada em todas as páginas da história humana. Por meio da doutrina do pecado original é possível entender que não há amplitude de perspectiva que a mente humana possa alcançar, não há largura de lealdade que a imaginação humana possa conceber, não há universalidade coletiva que a política humana possa organizar, e não há pureza a que os idealistas mais virtuosas possam aspirar, enfim, não há grau de conquista humana moral ou social que não implique algum tipo de desvio associado à autovalorização e ao amor-próprio.

Essa sincera e objetiva noção da condição humana foi habilmente rejeitada pela cultura moderna; daí terem sido criados tantos planos fúteis e presunçosos para resolver o conflito entre o indivíduo e a coletividade e entre as comunidades nacional e mundial.

REINHOLD NIEBUHR, *OS FILHOS DA LUZ E OS FILHOS DAS TREVAS*, P. 16-17

Deus eterno e todo-poderoso, tu vês, com muito mais clareza que nós, que "de dentro, do coração da pessoa, vêm maus pensamentos, imoralidade sexual, roubo, homicídio, adultério, cobiça, perversidade, engano, paixões carnais, inveja, calúnias, orgulho e insensatez", pois toda a raça humana é nascida de Adão. Concede-nos compreender a verdade de nossa inerente condição de escravos do pecado, para que não continuemos incompreensíveis para nós mesmos e para que não busquemos libertação em ninguém além de nosso Salvador Jesus Cristo, pois "como todos morremos em Adão, todos que são de Cristo receberão nova vida". Amém.

REVERENDÍSSIMO FRANK F. LIMEHOUSE III;
MARCOS 7.21-23; 1CORÍNTIOS 15.22

PARA REFLETIR: Gn 3.1-19; Sl 14.2-3; 51.5; Ec 7.29; Jr 17.9; **Mc 7.21-22;** Rm 3.10-18; 5.12-14; 7.14; 8.7; **1Co 15.22;** Ef 2.1-3; 1Pe 1.18-19; 1Jo 1.8-10

◇◇◇◇◇◇ **68** ◇◇◇◇◇◇

Somente uma consciência que transcende o tempo pode definir e circunscrever o fluxo do tempo. A pessoa que busca significado e satisfação para além dos feitos históricos equivocados e frustrantes dispõe de uma estatura espiritual que nenhum processo histórico pode abranger completamente. [...] Havendo esse nível de consciência, um novo tipo de riqueza e maior possibilidade de justiça tornam-se acessíveis à comunidade. Mas tal estatura vem abaixo quando, em nome da paz e da ordem, a comunidade tenta eliminar prematuramente o pináculo da individualidade. A correta relação entre o indivíduo e a comunidade não pode ser alcançada se esse grau de consciência não estiver atrelado ao discernimento acerca da fonte soberana e do propósito para o qual tanto um quanto a outra existem, e se não atender aos limites fixados contra a autoexaltação idólatra de ambos.

REINHOLD NIEBUHR, *OS FILHOS DA LUZ E OS FILHOS DAS TREVAS*, P. 84-85

Pai todo-poderoso que estás no céu, tu sabes que teus filhos vivem em um mundo confuso e idólatra onde não houve, não há e nunca haverá sentido e satisfação duradouros; livra-nos, portanto, do pecado da autoexaltação e dá-nos sabedoria espiritual para olhar além das realidades passadas, presentes e futuras deste mundo para buscar tua vontade soberana para nossa vida individual e comunitária, a fim de que encontremos paz, sentido e satisfação abundantes por meio daquele que nos redimiu e que nos sustentará até o fim dos tempos, Jesus Cristo, nosso Senhor. Amém.

REVERENDÍSSIMO FRANK F. LIMEHOUSE III

PARA REFLETIR: Sl 37.27-29; Pv 24.24-25; Is 1.10-20; 30.18; Am 4.1-8; 5.19-24; 6.4-7; 9.5-15; Mq 6.6-8; Zc 7.8-10; Mt 5.1-26; Tg 2.1-13; 3.13—4.10; 5.1-20

A doutrina cristã do pecado original atesta o evidente fato de que os seres humanos são obstinadamente inclinados a pôr-se em primeiro lugar e assiduamente diligentes em cuidar dos próprios interesses em vez de afirmar alguma noção "objetiva" acerca de sua importância. Em suas diversas formas, a cultura moderna assegura que, se os homens pudessem ser objetivos e despretensiosos o bastante para reconhecer a injustiça de seu egocentrismo, também poderiam, a tempo, trocar a objetividade de seu juízo enquanto observadores da realidade humana pelo juízo enquanto atores e agentes da história humana. Essa é uma ideia absurda que todo estadista ou homem de negócios sabe ignorar, pois, em seu cotidiano, encontra ambições e paixões que refutam a moderna e reinante teoria de que homens e nações são potencialmente inocentes.

REINHOLD NIEBUHR, *A IRONIA DA HISTÓRIA AMERICANA*, P. 17

Senhor Deus todo-poderoso, tu sabes e nos ensinas em tua Palavra que "todos pecaram e não alcançam o padrão" de tua glória; em tua misericórdia, ó Senhor, livra-nos da cegueira espiritual e abre-nos os olhos para que enxerguemos a patente verdade de que toda a raça humana sofre os efeitos do pecado que lhe é intrínseco e que resulta em ambições e paixões ególatras, a fim de que, em contrição e arrependimento, nos voltemos para tua misericórdia e perdão e encontremos a novidade de vida que só tu podes dar, por meio de Cristo Jesus, nosso Senhor. Amém.

REVERENDÍSSIMO FRANK F. LIMEHOUSE III; ROMANOS 3.23

PARA REFLETIR: Dt 27.19; Pv 6.16-19; 10.9; 16.18; 28.5; Is 44.24-26a; 66.2; Jr 17.9; **Rm 3.22-23**; 12.1-21; Gl 5.16-26; 6.7-8; Cl 3.12; 1Pe 5.6; Ap 13.1-18

Nem a vida nem a história dão margem a consonâncias simplórias, as quais são erroneamente acolhidas como pressuposições do culto à felicidade. Existe a possibilidade de amenizar as incongruências da vida. [...] Mas nenhum desses esforços pode sobrepujar o aspecto fragmentário da existência humana. A definitiva sabedoria de vida não implica a revogação das incongruências, mas sim o alcance da serenidade dentro delas e sobre elas.

Nada cuja execução valha a pena pode ser realizado nesta vida; portanto, devemos ser salvos pela esperança. Nada que seja verdadeiro, belo ou bom se mostra completamente tangível no contexto histórico imediato; portanto, devemos ser salvos pela fé. Nada do que fazemos pode ser realizado sem a contribuição de outra pessoa, mesmo que haja virtude em nossos feitos; portanto, devemos ser salvos pelo amor. Aos olhos de nossos amigos e adversários, nenhum de nossos atos é tão virtuoso quanto é aos nossos olhos; portanto, devemos ser salvos pela manifestação absoluta do amor, que é o perdão.

REINHOLD NIEBUHR, A IRONIA DA HISTÓRIA AMERICANA, P. 62-63

Querido Deus de amor e misericórdia, em quem somente encontramos vida plena e longe de quem nada podemos fazer a não ser lutar inutilmente para vencer as incongruências que nos têm assolado no decorrer da história, concede a nós, pecadores, três coisas de que necessitamos: "a fé, a esperança e o amor", sendo o amor "a maior delas", para que sejamos salvos por tua misericórdia e amor, para esta vida e para a vida vindoura, por meio do Salvador do mundo, Jesus Cristo, nosso Senhor. Amém.

REVERENDÍSSIMO FRANK F. LIMEHOUSE III; 1CORÍNTIOS 13.13

PARA REFLETIR: Dt 31.6; Sl 46.10; Is 40.27-31; **Jo** 13.34-35; **15.5**; Rm 5.2-5; 12.9,13; **1Co 13.1-13**; Gl 2.20; 5.22; Ef 2.8; 6.10-18; Cl 3.14; Hb 11.1-6; 1Jo 4.16

◇◇◇◇◇◇ **71** ◇◇◇◇◇◇

A cruz é central para a religião cristã, pois simboliza uma verdade igualmente cósmica e histórica. O amor vence o mundo, mas essa vitória não é nada fácil. O preço de toda criação e de toda redenção é o sofrimento. Muitos dos religiosos da modernidade que entendem o Deus Criador, mas não o Deus Redentor, fracassam em compreender este segundo justamente por não notar quão relacionadas estão a criação e a redenção. [...] Eles não percebem que a criação é um processo doloroso no qual, antes de dar lugar ao novo, o velho tenta suplantá-lo.

A cruz de Jesus é, de fato, o que mais adequadamente simboliza a estratégia e o destino do amor, não somente na história, mas também no universo. Podemos assegurar que a cruz é o único e legítimo símbolo das verdades eternas, o qual não pode ser sacrificado.

REINHOLD NIEBUHR, FOLHAS DO CADERNO DE
UM CÍNICO DOMESTICADO, P. 123

Pai de compaixão, as "mãos ficarão fracas" e os "joelhos, frouxos como água", mas, ainda assim, homens e mulheres inconsequentes, tanto dentro quanto fora da igreja, não reconhecem seu estado "infeliz, miserável, pobre", não sabem de sua cegueira nem de sua nudez; concede, então, que atentemos à voz de Cristo e nela acreditemos, pois ele afirma que "as pessoas sábias não precisam de médico, mas sim os doentes", e que não veio "chamar os justos, mas sim os pecadores". Assim, "nós nos orgulharemos de nossas fraquezas, para que o poder de Deus opere por nosso intermédio". Amém.

REVERENDÍSSIMO FRANK F. LIMEHOUSE III; EZEQUIEL 7.17;
MATEUS 9.12; MARCOS 2.17; 2CORÍNTIOS 12.9; APOCALIPSE 3.17

PARA REFLETIR: Ez 7.17; Mt 5.1-12; **9.12; Mc 2.15-17;** 15.33-39;
Lc 1.26-56; 5.27-32; 7.36-50; 9.46-48; **14.15-24;** 15.1-2; 16.19-31; 19.1-10;
1Co 1.26-31; 2Co 12.9; Tg 2.5-7; **Ap 3.17**

CORRIE TEN BOOM
(1892–1983)

Das terríveis atrocidades cometidas pelo nazismo, emergiram histórias imortais de fé e sacrifício corajosos protagonizadas por judeus e outros alvos de extermínio. Nenhuma dessas histórias é mais fascinante que a de Corrie ten Boom e sua família, que, para proteger judeus, despenderam esforços ousados e custosos.

Cornelia "Corrie" ten Boom nasceu em Amsterdam e cresceu numa cidade próxima, Haarlem. Teve duas irmãs: Betsie, que morreu em 1944, e Nollie, falecida em 1953. Antes da Segunda Guerra Mundial, seus pais dirigiam uma loja de joias no bairro judeu de Amsterdam. A família, ligada à Igreja Reformada Holandesa, fez amizade com muitos judeus, que a convidavam a participar de cerimônias de *shabat* e outras comemorações judaicas.

Quando os nazistas invadiram a Holanda em maio de 1940, Corrie tinha 48 anos, era solteira e trabalhava como relojoeira na loja do pai. Pouco a pouco, ela se envolveu em atividades clandestinas por meio das quais encontrou, no interior do país, refúgios temporários para judeus. A notícia se espalhou entre os refugiados, e cada vez mais gente passou a procurar seu auxílio. Corrie, então, acabou construindo uma parede falsa em seu quarto — o "lugar secreto" —, atrás da qual escondia foragidos. Não demorou muito para que sua casa sediasse uma organização clandestina que atuava em todo o território holandês. Corrie começou a administrar cartões de vale-ração roubados mensalmente para alimentar os judeus. Essa atividade extremamente arriscada de certo levantaria suspeitas.

Um dia, um homem entrou na loja da família de Corrie e disse que sua esposa fora presa por abrigar judeus e que precisava de dinheiro para subornar o policial que a prendera. Esse homem acabou por se revelar um informante do partido nazista. Naquele dia, a casa de Corrie foi metralhada, e a família foi rendida e aprisionada. Dez dias depois, seu pai morreu de uma enfermidade. Corrie e Betsie foram transferidas para o campo de concentração de Ravensbrück, na Alemanha, ao qual Corrie sobreviveu, mas sua irmã não.

(Depois de quatro dias excruciantes em setembro de 1944, o trem que conduzia prisioneiras de Scheveningen, na Holanda, chegou a Ravensbrück, famoso campo de extermínio alemão. Corrie e Betsie haviam conseguido levar, escondida, sua preciosa Bíblia para aquele lugar desprezível. Elas foram instaladas na caserna 28, projetada para abrigar 400 pessoas, mas, à época, ocupada por 1.400 mulheres de origens diversas. Diariamente, depois do trabalho exaustivo e de uma concha de sopa de nabo, Corrie e Betsie davam um jeito de ficar em uma sala ao fundo da caserna e fazer um período de louvor sob a luz de uma minúscula lâmpada. O número de prisioneiras que se juntavam a elas aumentava a cada dia.)

Os cultos na caserna 28 eram muito singulares. Os encontros podiam incluir um recital do *Magnificat* em latim conduzido por um grupo de católicas romanas, um hino sussurrado por algumas luteranas e um cântico *sotto voce* entoado por ortodoxas ocidentais. A cada vez, o ajuntamento à nossa volta se expandia, ocupando as plataformas mais próximas e espremendo-se pelos cantos, até que a estrutura do local gemia e balançava.

Por fim, Betsie e eu abríamos a Bíblia. Como somente as holandesas entendiam o texto holandês, tínhamos de traduzi-lo em voz alta para o alemão. Então, ouvíamos aquelas palavras de vida se propagarem pelos corredores pronunciadas em alemão, polonês, russo, tcheco e novamente em holandês.

Corrie ten Boom, O refúgio secreto, p. 212-213

Deus misericordioso, tua Santa Palavra é como luz em um mundo obscurecido pelo pecado e pela crueldade, e em tua presença há uma esperança viva que tudo suporta até o fim, pois alguns de nós estávamos "sentados na escuridão e em trevas profundas, presos com as algemas de ferro do sofrimento", mas tu nos tiraste dessa escuridão e quebraste nossas algemas, por meio de Cristo, nosso Senhor. Amém.

Reverendíssimo Frank F. Limehouse III; Salmos 107.10,14

PARA REFLETIR: Sl 107.10,14; Dn 3.1-30; 6.1-28; Mt 5.10-11; At 5.12-26; 6.8-15; 12.1-17; 14.21-22; 16.25-34; 1Co 4.7-12; 6.1-10; Fp 1.12-14

A cada noite, sob a pequena lâmpada, nossos cultos eram singelas amostras do céu. Eu pensava em Haarlem e em cada uma de suas igrejas grandiosas, ocultas atrás de grades de ferro forjado e uma grande barreira doutrinária. E então eu reconhecia, mais uma vez, que é na escuridão que a verdade de Deus brilha com maior clareza.

De início, Betsie e eu nos sentíamos constrangidas ao convidar outras mulheres para aquelas reuniões. Mas, como noite após noite os guardas nem sequer se aproximavam de onde estávamos, fomos ganhando ousadia. Acabou que havia tanta gente interessada em se juntar a nós que inauguramos um segundo culto, depois da chamada noturna, quando verificavam nossa presença. Ali, na *Lagerstrasse* ["rua do campo", termo usado para nomear a principal via em um campo de concentração alemão], ficávamos sob severa vigilância, os guardas marchando de um lado para outro com suas boinas de lã. O mesmo ocorria na sala central das casernas: sempre havia meia dúzia de vigilantes do campo ou soldados nazistas. Contudo, o grande dormitório quase nunca era supervisionado, e não entendíamos por quê.

CORRIE TEN BOOM, O REFÚGIO SECRETO, P. 213

Pai misericordioso que estás no céu, "nem mesmo na escuridão" podemos nos "esconder de ti", pois "para ti, a noite é tão clara como o dia; escuridão e luz são a mesma coisa". Concede-nos a fé ousada daqueles teus filhos que, neste mundo caído, sofreram por teu nome, mas tudo suportaram para tua honra e glória. Ajuda-nos a conhecer o que eles conheciam e a acreditar naquilo em que eles acreditavam, pois "nosso sofrimento de agora não é nada comparado com a glória" que nos será revelada por meio de Cristo, nosso Senhor e Salvador. Amém.

REVERENDÍSSIMO FRANK F. LIMEHOUSE III; SALMOS 139.12;
ROMANOS 8.18

PARA REFLETIR: Sl 108.13; **139.12;** 150.1-6; Jo 1.5; 8.12; 16.13; **Rm 8.18;** 1Co 15.57; 2Co 3.17; 12.9-10; Tg 1.12-14; Ap 3.7-13; 22.12-21

Prezado senhor,

Hoje fiquei sabendo que, muito provavelmente, foi você quem me traiu. Passei dez meses no campo de concentração. Meu pai morreu depois de passar nove dias preso. Minha irmã morreu na prisão.

Deus transformou em bem o mal que você planejou contra mim, pois isso me levou para mais perto dele. Uma dura punição aguarda você. Tenho orado em seu favor, para que o Senhor o aceite caso venha a se arrepender. Pense que, ao pender na cruz, o Senhor Jesus também levou consigo os pecados que você cometeu. Se admitir isso e desejar tornar-se filho de Deus, você será salvo por toda a eternidade.

Eu o perdoo de tudo o que fez. Deus fará o mesmo, se assim você lhe pedir. Ele o ama. Ele o ama e enviou o próprio Filho à terra para redimir seus pecados, os quais, por natureza, seriam motivo de sofrida punição, como seria para mim. De sua parte, você deve responder a esse ato divino. Se ele lhe diz: "Venha a mim e dá-me seu coração", sua resposta deve ser: "Sim, Senhor, eu irei, torna-me teu filho".

Corrie ten Boom, Cartas da prisão, p. 81

Pai celestial, tu nos ensinaste a perdoar os outros como tu mesmo nos perdoaste, para que, então, nós nos achegássemos a ti. Afasta-nos do ódio que destrói nossa alma. Vem a nós, teus filhos, e enche-nos do amor que precisamos ter, como tu ordenas, para que nosso testemunho atraia outros ao arrependimento de que tanto necessitam para apresentar-se inculpáveis no dia do teu justo julgamento, pelos méritos de Jesus Cristo. Amém.

Reverendíssimo Frank F. Limehouse III

PARA REFLETIR: Gn 33.1-14; **50.15-21**; Sl 103.10-14; 130.3; Mt 6.12,14-15; 18.21-22; Mc 11.25; Lc 6.27; 15.25-32; 17.3-4; Rm 12.14-21; Ef 4.32

GEORGES FLOROVSKY
(1893–1979)

À Revolução Comunista de 1917 sucedeu-se a emigração de intelectuais russos para a Europa Ocidental e a América do Norte. Nesse processo, os emigrantes preservaram e ampliaram sua herança cultural. Entre eles estavam o teólogo e filósofo político Nikolai Berdyaev e o filósofo Nikolay Lossky. Outro desses emigrantes foi o clérigo russo Georges Florovsky, um dos mais influentes líderes ortodoxos do século 20.

Nascido na cidade de Odessa, na Ucrânia, foi o quarto filho de um sacerdote da Igreja Ortodoxa Russa. A riqueza intelectual dos ambientes que Florovsky frequentava durante os anos escolares era tanta que ele aprendeu inglês, alemão, francês, latim, grego e hebraico. Aos 18 anos, começou a estudar filosofia e história. Em 1919, depois de obter uma *licentia docendi* que lhe possibilitou lecionar em escolas de ensino superior russas, tornou-se professor na Universidade de Odessa. Por causa da intolerância para com dissidentes do movimento comunista, a família de Florovsky fugiu da Rússia em 1920. Foi em Paris (1920–1949) e nos Estados Unidos (1949–1979) que Florovsky exerceu o restante de sua vida profissional.

Em 1925, foi indicado ao cargo de professor de patrística no Instituto Teológico Ortodoxo de São Sérgio, em Paris. Segundo Florovsky, os pais da igreja modelaram a teologia e a exegese ortodoxas. Em 1932, foi ordenado padre da Igreja Ortodoxa. Na mesma década, escreveu sua obra mais relevante, *Caminhos da teologia russa*.

Florovsky foi um dos pioneiros do movimento ecumênico moderno. Contudo, acreditava que a teologia ortodoxa havia sido afetada negativamente por influências ocidentais, como o escolasticismo, o pietismo e o idealismo. Em sua visão, tais desvios poderiam ser corrigidos mediante observação atenta dos pais da igreja. Em 1949, Florovsky mudou-se para Nova York, onde assumiu a reitoria do Seminário Teológico Ortodoxo de São Vladimir, cargo em que se manteve até 1955. Depois, deu aulas na Harvard Divinity School (1956–1964) e na Universidade de Princeton (1964–1972). Faleceu em Princeton, Nova Jersey, em 1979.

A catolicidade da igreja não é um conceito quantitativo nem geográfico; ela não depende de quão amplamente os fiéis estejam dispersos pelo mundo. A universalidade da igreja é consequência ou manifestação, não causa ou fundamento, de sua catolicidade. A extensão da igreja pelo mundo é apenas um sinal externo, não um fator absolutamente mandatório. A igreja já era católica mesmo quando as comunidades cristãs não passavam de ilhas esparsas em um mar de incredulidade e paganismo. Catolicidade significa, em primeiro lugar, a integridade e a integralidade da vida interior da igreja. Descreve sua verdadeira essência, e não suas manifestações exteriores. Catolicidade se refere à ortodoxia eclesiástica, à verdade da "Grande Igreja", em oposição ao espírito de separatismo e particularismo.

GEORGES FLOROVSKY, "A QUALIDADE INTRÍNSECA DA CATOLICIDADE", EM "A CATOLICIDADE DA IGREJA"

Deus todo-poderoso, cuja igreja começou em uma pequena província do Império Romano e se espalhou para todos os cantos da terra, concede-nos reconhecer que o único fundamento da igreja, Jesus Cristo, nosso Senhor, é o que lhe dá real universalidade e abrangência, de modo que todos os povos da terra encontrem nela um lugar de refúgio e acolhimento por meio daquele que derramou o próprio sangue em seu favor, o mesmo Jesus Cristo, nosso Senhor, que reina eternamente contigo e com o Espírito Santo. Amém.

REVERENDÍSSIMO FRANK F. LIMEHOUSE III

PARA REFLETIR: Jo 17.20-26; Rm 12.3-8; 1Co 10.17; Ef 1.22-23; 2.19-22; 4.11-16; Cl 1.15-23; 3.11; Ap 1.9-20

A catolicidade da igreja tem dois lados. Em termos objetivos, ela denota uma unidade do Espírito. O Espírito de amor e paz não apenas une os indivíduos, mas também se torna, em cada alma, fonte de paz interior e integridade. Em termos subjetivos, significa que a igreja é uma unidade de vida, uma irmandade ou comunhão, uma união de amor. A novidade do mandamento cristão relativo ao amor é que devemos amar nosso próximo como a *nós mesmos*. Isso é mais que equipará-lo conosco; significa que nos vemos nele. O amor cristão vê em nossos irmãos o "próprio Cristo". Todo cristão é convocado a ser católico. Devemos "rejeitar a nós mesmos" para participar da catolicidade da igreja.

Essa rejeição não implica que a personalidade deva se dissolver na multidão. Pelo contrário, a abnegação amplia o escopo de nossa personalidade; na autonegação, conservamos a multidão dentro de nós.

Georges Florovsky, "A transfiguração da personalidade",
em "A catolicidade da igreja"

Pai celestial e eterno, teu Filho nos ensinou que, se alguém "tentar se apegar à sua vida, a perderá"; mas, "se abrir mão de sua vida" por causa do próprio Filho "e por causa das boas-novas, a salvará". Perdoa, assim, nosso egocentrismo e transforma nosso coração individualista, para que a cada dia reflitamos mais e mais o amor de nosso Salvador, que não veio para ser servido, "mas para servir e dar sua vida em resgate por muitos"; por meio de Jesus Cristo, nosso Senhor. Amém.

Reverendíssimo Frank F. Limehouse III; Marcos 8.35; 10.45

PARA REFLETIR: Mc 8.35; 10.42-45; Lc 22.26-27; Rm 12.3-21; 13.8—15.13; 1Co 12.13,25; Gl 5.13; 6.2; Ef 5.25; Fp 2.5-11; 1Ts 5.11; 1Pe 2.21; 4.10

Cristo pertence à igreja como seu Cabeça, e não apenas como Senhor ou Mestre. Ele não está acima nem fora da igreja. A igreja está *nele*. A igreja não é meramente uma comunidade de pessoas que creem em Cristo e andam segundo seus mandamentos. É uma comunidade de gente que habita nele. Os cristãos são separados, "nascidos de novo" e recriados; a eles é dado não apenas um novo padrão de vida, mas também um novo princípio: a nova Vida no Senhor por meio do Espírito.

A comunidade cristã, a *ekklēsía*, é uma *comunidade sacramental*, uma "comunhão nas coisas santas". [...] A unidade da igreja se efetiva mediante os sacramentos: o Batismo e a Eucaristia são os dois "sacramentos sociais", nos quais se revela e se firma o real significado do "ajuntamento" cristão. É apenas pelos sacramentos que a comunidade cristã ultrapassa a condição puramente humana e se torna a igreja.

GEORGES FLOROVSKY, "A NOVA REALIDADE",
EM "A IGREJA: NATUREZA E TAREFA"

Deus eterno e todo-poderoso, teus filhos são nascidos da carne de Adão, e "aqueles que ainda estão sob o domínio de sua natureza humana não podem agradar" a ti; nós, porém, não somos "controlados pela natureza humana, mas pelo Espírito", e "quem não tem o Espírito de Cristo, a ele não pertence". Ouve nossa prece de gratidão por nos teres dado novo nascimento, pois somos nova criatura em Cristo, em tua santa igreja, adorando a ti incessantemente, por meio do próprio Jesus Cristo, nosso Senhor, que reina eternamente contigo e com o Espírito Santo. Amém.

REVERENDÍSSIMO FRANK F. LIMEHOUSE III; ROMANOS 8.8-9

PARA REFLETIR: Mt 26.17-29; 28.19; Mc 14.12-25; Lc 22.1-20; 24.30-32; Jo 6.32-35,50-58; 7.37-39; **Rm** 6.1-4; **8.7-9;** 1Co 5.7; 10.16-17; **2Co 5.17;** 11.23-26; Cl 2.12

Na natureza, Deus se manifesta como o Criador. Mas, naquilo que sobrepuja a natureza, Deus é revelado como aquele que falou. Ele é revelado na Palavra, e só a palavra dele consiste em revelação, no sentido exato do termo. Deus criou o homem à sua imagem e semelhança, a fim de que o homem escutasse sua Voz e Palavra, desse ouvidos a elas e as apreciasse, recordasse e preservasse. Quando tratamos da revelação, referimo-nos apenas à Palavra de Deus por nós ouvida. As Escrituras Sagradas são o registro escrito da revelação ouvida por seus autores. Deus deu a eles força, mediante o derramar de seu Espírito Santo.

Não podemos entender de todo como "os santos de Deus" ouviram a Palavra do Senhor e como a repetiram em sua própria língua. Mas, ainda que fosse transmitida de uma pessoa para outra, o que se ouvia era a Voz de Deus, a Voz do Espírito Santo. [...] Nisso reside o milagre e o mistério da Bíblia, que é a Palavra de Deus e, também, a Palavra do Espírito em *língua humana*.

Georges Florovsky, "A obra do Espírito Santo na revelação"

Ó Deus, nosso Pai eterno e celestial, tu nos ensinaste em tua Palavra que somos "salvos pela graça, por meio da fé", e que isso não vem de nós; antes, é uma dádiva tua. Concede-nos que, regenerados e feitos teus filhos por adoção e graça, sejamos cada dia mais gratos por tua dádiva, mais ousados em oração e com os olhos mais aguçados na fé, a fim de que contemplemos tua glória no mundo, revelada para nós em Jesus Cristo, que reina eternamente contigo e com o Espírito Santo. Amém.

Reverendíssimo Frank F. Limehouse III; Efésios 2.8

PARA REFLETIR: Jo 1.1-18,41; 3.15-16,19-21,36; 4.14,23-25; 5.19,21,43; 6.32-33,51-63; 8.12,26,28,32,54,58; 10.7,33; 11.25; 12.28,32; 14.6,9; **Ef 2.8; Hb 1.1-2**

À igreja cabe o testemunho da nova vida, revelada em Cristo Jesus [...] E ela o faz por palavras e obras. A verdadeira proclamação do evangelho corresponde precisamente à prática dessa nova vida.

A igreja é mais que um conjunto de pregadores, uma associação de ensino ou um comitê missionário. Ela não deve apenas convidar as pessoas, mas também introduzi-las nessa nova vida, da qual é testemunha. Sua atividade missionária não é apenas comunicar convicções ou ideias ou impor uma regra de vida, mas apresentar às pessoas a nova realidade, convertê-las, trazê-las a Cristo por meio da fé e do arrependimento, para que renasçam nele e para ele, pela água e pelo Espírito.

A igreja está no mundo para que este seja salvo. Por isso, ela deve renunciar a "este" mundo. [...] A igreja tem a incumbência de testemunhar o "totalitário" chamado de Deus.

GEORGES FLOROVSKY, "A NOVA CRIAÇÃO",
EM "A IGREJA: NATUREZA E TAREFA"

Deus de misericórdia e amor ilimitados, que desejas que todos os homens e mulheres do mundo nasçam novamente em Cristo, concede que o povo de tua igreja seja inspirado pelo poder do teu Santo Espírito para pregar e ensinar teu evangelho, e para testemunhar, mediante palavras e obras, o soberano chamado que dirigiste a nós, a fim de que povos de todos os lugares e circunstâncias sejam levados ao arrependimento e à fé no Salvador, que deu a própria vida para salvá-los. Amém.

REVERENDÍSSIMO FRANK F. LIMEHOUSE III

PARA REFLETIR: Mt 5.14-16; 28.19-20; Jo 3.16-17; 15.5; Rm 10.14-15; 12.2; 1Co 15.20-28; 2Co 5.17,20-21; Ef 2.10; Fp 1.5; Cl 1.16-20; 1Pe 1.14-16

◇◇◇◇◇◇ **80** ◇◇◇◇◇◇

Seguindo os Santos Pais. [...] Isso não é uma referência a alguma tradição abstrata, a fórmulas e proposições. É, em primeiro lugar, um apelo às pessoas, às *testemunhas santas*. O testemunho dos Pais é intrínseco à estrutura da fé ortodoxa. A igreja é igualmente comprometida com o "querigma" [proclamação] dos Apóstolos e com os "dogmas" [doutrinas] dos Pais. Esses dois compromissos são inseparáveis. A igreja é "apostólica", mas também é "patrística". Apenas quando atende à segunda condição é que ela pode atender consistentemente à primeira. Os Pais testificam a apostolicidade da tradição. A proclamação da fé cristã tem dois estágios básicos. Nossa fé elementar teve de ganhar corpo; havia em nós um impulso no sentido dessa transição do querigma para os dogmas. Apesar disso, as doutrinas dos Pais são, em essência, o próprio querigma "elementar", uma vez apresentado e *penhorado* pelos Apóstolos. [...] Mas, agora, elas constituem justamente essa proclamação devidamente articulada e fielmente testemunhada.

Mais que conservar a pregação apostólica, a igreja vive essa pregação, garantindo sua continuidade.

Georges Florovsky, "Seguindo os Santos Pais"

Deus de graça e verdade, de modo festivo cantamos: "Oh, como pulsa o coração quando nos lembra a antiga fé que revelaram nossos pais, ante a dor e a morte até! Bendita fé dos nossos pais, inspira nossos ideais!". Pela inspiração do Espírito Santo, permite que as palavras de nossos lábios reflitam a intenção de nosso coração e capacita-nos para que nos juntemos na unidade da sã doutrina, a fim de darmos continuidade à igreja de nossos pais, por meio de Jesus Cristo, nosso Senhor. Amém.

Reverendíssimo Frank F. Limehouse III; Frederick W. Faber (1814–1863), "A fé dos nossos pais", Hinário

---

PARA REFLETIR: Jo 16.13-14; Rm 3.21-26; 1Co 15.1-11; Gl 1.8; 2.1; 2Ts 2.14-16; 1Tm 6.3-5; 2Tm 1.13; 4.3; Tt 1.9; 1Jo 4.1,9-10

ALEXANDER MEN
(1935–1990)

A perseguição de cristãos durante o governo comunista na Rússia (1917–1991) e a recusa desses irmãos ante a possibilidade de rendição se personalizaram no padre Alexander Men, arcipreste ortodoxo russo. Assim como João Batista, Men foi uma "voz que clama no deserto" (Mc 1.3), bem como um dos mais proeminentes líderes cristãos de seu país. Lamentavelmente, seu heroísmo é pouco conhecido no cristianismo ocidental.

Alexander Men nasceu judeu, mas foi batizado ainda criança, com sua mãe, já viúva. Ele foi membro da igreja clandestina russa — a extinta Igreja das Catacumbas — e alvo da KGB, órgão responsável por capturar, prender e executar "inimigos do estado" soviético. A KGB sujeitou Men a intimidações e interrogatórios, além de fazer buscas em sua residência. Em 1960, ele concluiu a graduação no Seminário Teológico de Leningrado e foi ordenado padre. Mais tarde, obteve o título de doutor em teologia pela Academia Teológica de Moscou. Como sacerdote evangelista, o padre Men conduziu muita gente à fé em Cristo. Dada a oposição que lhe impunham as forças comunistas, Men viveu experiências assombrosas. Além de ter publicado muitos livros, ajudou a instituir, em 1990, a Universidade Ortodoxa Russa Aberta e a fundar o periódico *O mundo da Bíblia*. Estabeleceu uma escola para jovens missionários e idealizou obras de caridade promovidas no Hospital Infantil Russo. Lançado em 1981, seu livro *Como ler a Bíblia* teve sucessivas edições em seu país. O padre Men "advogou em prol da abertura, da tolerância e da humildade, tomando esses valores e perspectivas como aspectos centrais da Igreja Ortodoxa Russa. Segundo ele, o prolongado cisma entre a igreja e a sociedade era um dos principais

problemas eclesiásticos, pelo que buscou meios de saná-lo"
(Daniel, "Father Aleksandr Men", resumo).

Em 9 de setembro de 1990, a caminho da igreja, o padre
Men foi assassinado com um golpe de machado desferido por
um assaltante.

Filipe disse a Natanael: "Venha e veja". Essas mesmas palavras, "Venha e veja", aplicam-se à igreja de Cristo assim como aludem à vinda de Cristo à terra. Quando as pessoas nos perguntam: "Onde está, então, sua verdade? Em que ela consiste?" — pois muitos a consideram desnecessária ou morta —, nós respondemos: "Venha e veja". Contudo, não venha olhar para nós, pecadores, porque somos péssimas testemunhas do divino. Olhe para nosso Senhor, para sua beleza e seu amor pela humanidade; olhe para seu amor sacrificial e sua cruz; para seus ensinos; para seu sofrimento; para seu Espírito, que está conosco. Venha e veja a sacralidade do evangelho, seu poder insuperável, conquistado ao longo de centenas de anos — a despeito de quanto as pessoas o tenham perseguido e tentado destruir, ele sempre se levanta da sepultura, assim como o próprio Cristo, vencendo a morte.

Alexander Men, Desperto para a vida, p. 27

Senhor Deus todo-poderoso, que conheces até mesmo as fraquezas e a pecaminosidade do homem e da mulher mais confiáveis de tua igreja, concede-nos sabedoria para dar ao mundo incrédulo não a visão de nós mesmos, mas a de Jesus Cristo, nosso Senhor, e de tudo o que ele fez e ensinou na terra; acima de tudo, que o mundo veja o amor que levou Cristo à cruz para nossa salvação e a glória da luz do evangelho. Oramos em nome dele, Jesus Cristo, que vive eternamente contigo e com o Espírito Santo. Amém.

Reverendíssimo Frank F. Limehouse III

PARA REFLETIR: Mc 9.31; 10.33-34; Lc 20.13-15; **Jo 1.1,14,43-51**; 8.58; 10.30-33; 14.9; 15.9-17; 1Co 8.6; 2Co 5.14; Ef 3.17-19; Cl 1.15-17; 1Jo 3.16; 4.9

O coração pode ser frio, negligente e insensível. Mas os que levaram um paralítico em uma maca até Jesus desejavam tanto que aquele homem fosse curado que era como se eles mesmos estivessem enfermos e ansiassem levantar de seu leito.

Então, caros amigos, temos diante de nós um belo exemplo. Que tipo de exemplo? O de que somente juntos, ajudando uns aos outros, amando e perdoando, estendendo a mão, podemos ser salvos e encontrar o Senhor em nossa vida. Se buscarmos e vivermos isso, a mão de Deus, a mão de Cristo se estenderá de volta para nós. Isso porque, ao mesmo tempo que nos salva do abismo, Deus quer que auxiliemos uns aos outros. Se não podemos ajudar manifestamente, por meio de ações, podemos ajudar com nossa intercessão. Portanto, as orações diárias que fazemos uns pelos outros não devem consistir apenas em uma lista de nomes.

ALEXANDER MEN, *DESPERTO PARA A VIDA*, P. 33

Pai celestial, que por amor e misericórdia enviaste teu Filho ao mundo para nos salvar do abismo infernal, transforma nosso coração a fim de que, alegres por nossa liberdade, sinceramente apresentemos em oração (e, se possível, alcancemos) aqueles que, nesta vida transitória, enfrentam problemas, tristeza, necessidade, doença ou qualquer outra adversidade. Que façamos isso em feliz obediência ao mandamento de Cristo, ou seja que amemos uns aos outros como ele nos amou. Assim oramos em nome dele, Jesus Cristo, nosso Senhor. Amém.

REVERENDÍSSIMO FRANK F. LIMEHOUSE III; JOÃO 15.12

PARA REFLETIR: Mc 2.15; 11.25; **Lc 5.17-20**; 22.26-27; **Jo 15.12**; Rm 12.3-8; Gl 6.2; Ef 5.21; Fp 1.9-11; 2.3; Cl 4.2; 1Ts 1.2; 5.12-16; Hb 10.24; 1Pe 4.10

Sempre consideramos o paganismo mais fácil. A religião rudimentar sempre é mais fácil. [...] Com frequência, o que se apresenta como ortodoxia ou qualquer outra confissão cristã não passa de religiosidade natural, a qual, em si, é um tipo de ópio do povo. Ela funciona como uma espécie de anestésico espiritual, ajudando o indivíduo a se adequar ao mundo que o rodeia.

O cristianismo pode ser autêntico ou falso. A segunda forma é sempre mais conveniente, sempre nos cai melhor. É por isso que, prevalecendo a conveniência pessoal, a vida religiosa contemporânea é comumente caracterizada por uma "falsidade com cara de igreja".

Não foi para isso, em absoluto, que o Senhor nos chamou ao dizer "a porta é estreita" e "o caminho é difícil". Vez após vez, precisamos entender que o Espírito não é calor, mas fogo. Fogo.

ALEXANDER MEN, *SOBRE CRISTO E A IGREJA*, P. 52-53

Deus eterno e todo-poderoso, cujo Filho, nosso Senhor, nos ensinou que "a estrada que conduz à destruição é ampla, e larga é sua porta, e muitos escolhem esse caminho", livra-nos da falsa religião adequada às estradas agradáveis que escolhemos e que levam apenas ao deserto; por teu Santo Espírito, conduze-nos à verdadeira religião, a qual demandou o sacrifício do teu Filho, nosso Senhor, e que nos convoca a segui-lo a despeito das circunstâncias, para assim chegarmos em segurança ao teu reino celestial, que, unicamente por tua graça, é também nosso. Amém.

REVERENDÍSSIMO FRANK F. LIMEHOUSE III; MATEUS 7.13

PARA REFLETIR: Mt 7.13-14; 1Co 2.9-16; 3.1-4; 6.1-6; 2Co 2.14-17; Tg 2.14-26; 4.1-10; 5.1-11; 1Jo 2.9; Ap 1.7; 2.14-16,19-29; **3.1-6,14-22**

A ocasião mais importante de nossa vida é nosso encontro com o Senhor, nosso encontro pessoal com ele. Foi precisamente por causa desse encontro que nos achegamos a ele e à igreja. Pode ser que ocorra com toda gente: estou convencido de que Deus bate à porta de cada um de nós, embora por vezes o faça de maneira anônima. Mas o homem pode rejeitá-lo, voltar--lhe as costas, desejar que o encontro não tivesse acontecido. Para nós, que, a despeito de nossa débil voz, respondemos a tal encontro, preciosíssimo é o fato de, na caminhada, termos encontrado contigo, ó Senhor. [...] Esse evento nos enriqueceu infinitamente a vida, expandiu horizontes, abriu dimensões infindáveis, deu-nos força para lutar apesar das dificuldades. Nossa jornada para o alto já começou.

ALEXANDER MEN, SOBRE CRISTO E A IGREJA, P. 97-98

Ó Senhor, nosso Pai celestial, Deus todo-poderoso e eterno, cujo Filho ressuscitou dos mortos, virando o mundo de cabeça para baixo e legitimando em definitivo as boas-novas cristãs, nós oramos por todos os povos, para que encontrem o Cristo ressurreto e, pelo poder do Espírito Santo, sejam atraídos à comunhão com ele e com a igreja. Então, nós e toda a igreja glorificaremos sem cessar a ti, Pai, Filho e Espírito Santo, agora e para sempre. Amém.

REVERENDÍSSIMO FRANK F. LIMEHOUSE III

PARA REFLETIR: Mt 28.1-20; Lc 24.1-53; Jo 2.19-22; 6.50-71; 11.25; At 2.24,29-31; Rm 1.4; 6.1-4; 8.11; 14.9; 1Co 15.1-58; 1Pe 1.3; Ap 1.17-18; 5.1-14; 7.17

C. S. LEWIS
(1898–1963)

Nenhum nome do século 20 é mais identificado com a apologética (do grego *apologia*, "defesa") cristã do que Clive Staples Lewis. Durante sua notável atuação como professor universitário e crítico literário, Lewis publicou livros que podem muito bem provar-se imortais na literatura cristã. *O problema do sofrimento* (1940), *Cartas de um diabo a seu aprendiz* (1942) e *Cristianismo puro e simples* (1952, produzido a partir de transmissões radiofônicas entre 1941 e 1944) abrem a lista. Os sete volumes da série *Crônicas de Nárnia* (1950–1956), concebidos como literatura infantil, constituem uma magistral alegoria da expiação e da ressurreição de Jesus, bem como de outros temas cristãos.

Lewis nasceu em Belfast, na Irlanda. Entre amigos e familiares, era conhecido como Jack, nome associado a um querido cachorro de estimação. Aos 15 anos, tornou-se ateu, interessando-se por mitologia, ocultismo e literatura escandinava antiga. Em 1917, ingressou na Universidade de Oxford, mas logo teve de servir ao exército. A experiência em batalhas robusteceu seu ateísmo. No final da década de 1920, converteu-se ao cristianismo pela influência do clérigo, autor e poeta George MacDonald, do amigo J. R. R. Tolkien e de G. K. Chesterton. Lewis descreve o processo em *Surpreendido pela alegria*: "Sei muito bem quando se deu o passo final, embora me escape como. Fui levado até o zoológico Whipsnade numa manhã ensolarada. Quando partimos, eu não acreditava que Jesus Cristo é o Filho de Deus, e quando chegamos ao zoológico, já cria".

Em *A vida de C. S. Lewis*, Alister McGrath afirma que "juntamente com o Lewis autor de romances famosos, há uma segunda *persona*, menos conhecida: o Lewis escritor e apologista cristão, preocupado em comunicar e compartilhar sua rica visão do poder intelectual e imaginativo da fé cristã — uma fé que ele descobriu já adulto e considerou racional e espiritualmente irresistível" (p. 13).

Em um jogo de xadrez, podemos fazer concessões arbitrárias ao nosso oponente. [...] É possível privar-nos de uma torre. [...] Mas, se concedêssemos tudo o que o favorecesse — se todos os movimentos dele fossem revogáveis e nossas peças sumissem sempre que ocupassem uma posição por ele indesejada —, não haveria jogo de fato. Assim é com a vida das almas no mundo: as leis rígidas, as consequências de necessidades causais e toda a ordem natural são os limites aos quais a vida cotidiana está confinada, e também a única condição sob a qual qualquer vida como essa é possível. Tente excluir a possibilidade de sofrimento inerente à ordem natural e ao livre-arbítrio, e descobrirá que excluiu a própria vida.

C. S. LEWIS, *O PROBLEMA DO SOFRIMENTO*, P. 22

Pai de misericórdia e graça, com olhos de amor e empatia vês teus filhos sofrerem neste mundo por ti criado e governado; concede-nos fé para orar por consolação e alívio nas horas de aflição, apresentando a ti nossas súplicas e sempre lembrando que "nem morte nem vida, nem anjos nem demônios, nem o que existe hoje nem o que virá no futuro, nem poderes, nem altura em profundidade, nada, em toda a criação, jamais poderá nos separar do amor de Deus revelado em Cristo Jesus, nosso Senhor". Amém.

REVERENDÍSSIMO FRANK F. LIMEHOUSE III; ROMANOS 8.38-39

PARA REFLETIR: Gn 2.16-17; 50.20; Dt 13.4-10; 28.1-68; 29.29; 30.19-20; Ne 9.6; Pv 8.13; Jr 17.9-10; **Rm 8.38-39**; Gl 5.16-17; 6.7-8; Ef 6.10-18; **Fp 4.6**

A igreja é a noiva do Senhor, a quem ele ama tanto que, nela, nenhuma mancha ou ruga é tolerável. [...] O amor demanda o aperfeiçoamento daquele que é amado; a "bondade" que, com exceção do sofrimento, tudo tolera no objeto amado se opõe ao amor. Quando nos apaixonamos por uma mulher, acaso deixamos de considerar se ela está limpa ou suja, se é honesta ou desleal? [...] É possível amar quando o amado já não é belo, mas não propriamente pelo fato de não haver beleza. O amor pode perdoar todas as fragilidades e amar apesar delas, mas não deixa de ansiar que sejam abolidas.

Quando o cristianismo alega que Deus ama o homem, significa que Deus *ama* o homem. Em tremenda e espantosa verdade, somos objeto de seu amor. Você pediu por um Deus amoroso e agora já tem um. [...] Não se trata de uma senil benevolência que, em letargia, espera que você seja feliz à sua maneira; trata-se do próprio fogo consumidor, o amor que criou o mundo e é tão persistente como o amor do artista por sua obra.

C. S. Lewis, *O problema do sofrimento*, p. 34-35

Deus todo-poderoso e todo-amoroso, "todos nós nos desviamos como ovelhas" e deixamos os teus caminhos para seguir os nossos; apesar disso, tu nos amaste como um pai sábio e afetuoso ama o filho ímpio e egoísta — com paciência amorosa e disciplina, até que alcance saúde e restauração — e, por fim, por tua misericórdia e graça, tu nos tornaste completamente "irrepreensíveis até a volta de nosso Senhor Jesus Cristo". Amém.

Reverendíssimo Frank F. Limehouse III; Isaías 53.6;
1 Tessalonicenses 5.23

PARA REFLETIR: Lv 11.44-47; Dt 4.23-24; Sl 1.1-6; **Is 53.6;** 57.15; Jr 18.1-23; Hb 1.13; At 17.24-26; Ef 5.27; Cl 1.12-18; **1Ts 5.23;** 1Tm 6.15; Hb 12.25-29

Não podemos reconhecer nossa falha em manter a lei de Deus exceto quando nos esforçamos ao máximo (e, então, falhamos). [...] Assim, em certo sentido, a estrada de volta a Deus é uma estrada de empenho moral, de ávido esforço. [...] Mas não é a tentativa que nos traz de novo ao lar. [...] Ela conduz ao instante crucial em que nos dirigimos a Deus, dizendo: "Isso é contigo. Não dou conta". Não comecem perguntando a si mesmos: "Será que alcancei esse instante?". Não fiquem sentados observando sua mente investigar se está chegando a hora. [...] O que importa é deixar de confiar em esforços próprios e passar à condição na qual nos desesperamos por não conseguir agir por nossa conta e, então, entregamos tudo a Deus.

C. S. Lewis, *Cristianismo puro e simples*, p. 22

Deus de misericórdia e graça, que nos deste teus mandamentos e nos chamaste à obediência, nós prostramos nosso coração diante de ti, pois amamos tua lei. Contudo, há em nós "outra lei" que guerreia com nossa mente e nos torna escravos do pecado que nos habita; assim, torna-nos satisfeitos por não haver "nenhuma condenação para os que estão em Cristo Jesus", nosso Senhor, e dá-nos graça para "viver uma vida mais piedosa, reta e sensata", para tua honra e glória. Amém.

Reverendíssimo Frank F. Limehouse III; Ordem penitencial: rito 1, LOC; Romanos 7.22-23; 8.1

PARA REFLETIR: Jo 1.12; 3.1-16; 5.24; **Rm** 5.1-21; 6.5-14,20-23; 7.4-20,**22-23; 8.1-5**; 1Co 1.20; 2Co 5.17; Gl 2.16-21; 3.10-14,21-27; 5.16-18; Ef 2.1-9; Tt 3.5

Prazer, dinheiro, poder e segurança são, quanto possível, coisas boas. A maldade consiste em buscá-las por meios errados ou em demasia. A iniquidade vem a ser a busca de algo bom de maneira equivocada. É possível ser bom apenas pela bondade em si; mas não se pode ser mal por causa da maldade. A maldade não pode ser má do mesmo jeito que a bondade é boa. […] Maldade é bondade corrompida. É necessário que algo seja bom para que se venha a se corromper. […] Podemos explicar o que é pervertido com base no que é regular, mas não podemos explicar o que é regular a partir de algo pervertido.

Esse Mau Poder, supostamente equiparável ao Bom Poder e amante da maldade tal como este ama a bondade, é pura quimera. […] Sendo mau, não é capaz de prover-se de bons impulsos que resultem em perversão. O Mau Poder precisa obter algo de seu opositor. Entende, então, por que o cristianismo ensina que o diabo é um anjo caído? […] O mal é um parasita, e não algo original.

C. S. Lewis, Cristianismo puro e simples, p. 45-46

Pai celestial e eterno, que no início viste Lúcifer cair do céu e agora vês que nós, homens e mulheres ímpios, caímos da condição de seres feitos à tua imagem, que é pura santidade e perfeita bondade, concede que sejamos cheios de fome e sede de bondade e justiça e sinceramente atraídos àquele que se assenta no trono e diz: "Vejam, faço novas todas as coisas!", o próprio Jesus Cristo, nosso Senhor, cujo discurso é "digno de confiança e verdadeiro". Amém.

Reverendíssimo Frank F. Limehouse III; Romanos 21.5

PARA REFLETIR: Is 14.12; Mt 6.23; Jo 8.44; 2Co 4.4; 11.13-14; Ef 2.2; 6.11-12; Hb 2.14; 1Pe 5.8; 1Jo 3.8; **Ap 12.9**; **21.5**

[Um diabo a seu aprendiz:] "Com exceção da extremada devoção ao Inimigo [i.e., Deus], todos os extremos devem ser encorajados. [...] Toda modesta confraria, unida por algum interesse que outros homens desprezem ou ignorem, tende a desenvolver dentro de si uma estufa de admiração mútua e, em relação ao mundo externo, imensa quantidade de orgulho e ódio desprovidos de qualquer pudor, pois sua 'Causa', tida como impessoal, é quem os fomenta. E isso é válido até mesmo nos casos em que esse pequeno grupo existe para atender aos propósitos do Inimigo. Queremos que a igreja seja pequena não apenas para que poucos conheçam o Inimigo, mas também para que os que virem a conhecê-lo alcancem a inquieta intensidade e a presunção defensiva típicas de uma sociedade secreta. [...] A igreja é massivamente defendida, e nunca tivemos êxito em atribuir-lhe *todas* as características de uma facção; mas, não raro, pequenas facções subordinadas produzem resultados admiráveis."

C. S. LEWIS, *CARTAS DE UM DIABO A SEU APRENDIZ*, P. 32-33

Deus todo-poderoso, tu vês tua santa e apostólica igreja em vergonhosa desunião, induzida pelo pai da mentira a juntar-se em conluios farisaicos; concede à tua igreja unidade de visão e santo propósito; torna-a um "hospital para pecadores", um lugar para aqueles que se apercebem do próprio pecado e depravação e, sentindo-os, orem constantemente a ti, rogando por consolação e auxílio, e creiam no perdão de pecados mediante a cruz de Cristo, nosso Senhor, em cujo nome oramos. Amém.

REVERENDÍSSIMO FRANK F. LIMEHOUSE III

PARA REFLETIR: Jo 17.6-19; Rm 14.1—15.6; 16.17-20; 1Co 1.10-15; 3.3b; 11.18; 12.25; Gl 5.19-21; Ef 4.14-16; 5.21; Fp 2.5-11; Cl 3.12-17; Jd 1.17-19

[Um diabo a seu aprendiz:] "Para nós, o ser humano é, em primeiro lugar, comida; nosso objetivo é absorver sua vontade e torná-la nossa. [...] Mas a obediência que o Inimigo requer é algo bem diferente. Ele de fato quer encher o universo de repugnantes copiazinhas dele mesmo — criaturas cuja vida será, em minúscula escala, qualitativamente semelhante à dele, não porque ele as absorveu, mas porque a vontade delas se conforma voluntariamente à dele. Queremos um gado que por fim se torne comida; o Inimigo quer servos que por fim se tornem filhos. Desejamos sugar; ele deseja liberar. Somos vazios e devemos ser saciados; ele é pleno e transbordante. O propósito de nossa batalha é um mundo no qual Nosso Pai Baixíssimo atraia todos os outros seres para si; o Inimigo almeja um mundo repleto de seres que a ele se juntem."

C. S. LEWIS, *CARTAS DE UM DIABO A SEU APRENDIZ*, P. 38-39

Deus eterno e todo-poderoso, nosso Pai celestial, cuja amável e graciosa vontade é que todos se unam como teus filhos e filhas, "guia-nos por sobre o tempestuoso mar; não há nenhum Deus tão grande a nos auxiliar, capaz de nos guardar, suster e de nós cuidar"; por meio de Jesus Cristo, nosso Senhor e Salvador, que reina contigo e com o Espírito Santo, agora e para sempre. Amém.

REVERENDÍSSIMO FRANK F. LIMEHOUSE III; JAMES EDMESTON, "GUIA-NOS, PAI CELESTIAL, GUIA-NOS", HINÁRIO

PARA REFLETIR: Lc 12.32; Jo 1.10-13; 8.34; 15.11; Rm 6.23; 8.1-4; Gl 3.23-29; 4.3-7; Ef 1.3-6,15-23; Fp 4.4-9; Tt 3.3-7; 1Pe 2.9-10; 1Jo 2.16-17; 3.1-3

DIETRICH BONHOEFFER
(1906–1945)

Na madrugada de 9 de abril de 1945, Dietrich Bonhoeffer "foi levado nu até o pátio de execuções" da prisão de Flossenbürg, na Alemanha. "Os guardas o ridicularizaram e desprezaram. Aos pés do cadafalso", Bonhoeffer ajoelhou e orou. "Então, subiu os degraus até a forca", onde morreu cerca de trinta minutos depois, asfixiado por um nó de corda de piano (Bonhoefferblog). Ele ainda é uma voz profética para a igreja e para o mundo, bem como um notável exemplo de fé cristã levada às últimas consequências. A custosa oposição ao regime nazista, a afiada percepção acerca das implicações do discipulado cristão, o desvelamento do cristianismo superficial e a habilidade de ajudar a igreja a traçar uma rota em meio ao Ocidente pós-cristão tornam Bonhoeffer um permanente pai da igreja.

Dietrich nasceu em Breslau, Alemanha (agora Wrocław, Polônia), filho de Karl e Paula Bonhoeffer. O lar ofereceu solo fértil para seu crescimento religioso, intelectual, moral e estético. Em 1923, Bonhoeffer iniciou seus estudos de teologia na Universidade de Tübingen. De 1929 a 1930, serviu como coadjutor (assistente de pároco) em uma congregação alemã em Barcelona, na Espanha, e, depois, como pastor de expatriados alemães. Em 1930, estudou no Union Theological Seminary, em Nova York. Participou da Abyssinian Baptist Church, no Harlem, congregação a que foi atraído pelo louvor caloroso e convicto, pelas canções afroamericanas e pela pregação de Adam Clayton Powell. Tendo o nazismo se descortinado por toda a Alemanha, Bonhoeffer cogitou não retornar mais para lá. Então, foi repreendido por seu mentor, Karl Barth, que lhe disse que, se não se dispusesse a sofrer com seu povo, não deveria crer que fosse capaz de ajudar a reconstruí-lo.

Bonhoeffer foi um dos principais líderes da Igreja Confessante, que se opunha ao nazismo e que, sob a orientação de Barth, elaborou a Declaração de Barmen, de 1934, cujos signatários se recusavam a submeter a Palavra de Deus ao controle nazista.

Em 5 de abril de 1943, dois agentes da Gestapo chegaram à casa dos pais de Bonhoeffer para detê-lo por suspeita de atuação na resistência alemã. Na ocasião, Bonhoeffer já estava envolvido em um esquema para matar Hitler, embora não se soubesse disso à época. Ficou um ano e meio encarcerado na prisão militar de Tegel, em Berlim, onde aguardou julgamento. Fracassada a tentativa de assassinato de Hitler em 20 de julho de 1944, documentos da Abwehr (serviço de inteligência do exército alemão) acusaram Bonhoeffer de ter tomado parte na conspiração. Ele foi transferido para o presídio de segurança máxima da Gestapo; depois, para o campo de concentração de Buchenwald; e, finalmente, de lá para Flossenbürg, onde foi executado.

A graça barata é a inimiga mortal de nossa igreja.

A graça barata é graça como resto de estoque. Os sacramentos, o perdão dos pecados e as consolações da religião são barateados. É graça sem preço, graça sem custo.

A graça barata é graça como doutrina, como princípio, como sistema. É perdão dos pecados proclamado como verdade geral.

A graça barata significa a justificação do pecado sem a justificação do pecador.

A graça barata é graça sem discipulado, graça sem cruz, graça sem Jesus Cristo vivo e encarnado.

A graça preciosa é o tesouro oculto no campo, pelo qual o ser humano vende feliz tudo o que possui.

A graça preciosa é o evangelho que sempre se deve procurar, a dádiva que se deve pedir, a porta à qual se deve bater.

DIETRICH BONHOEFFER, "A GRAÇA PRECIOSA", CAP. I,
em *DISCIPULADO*, P. 45-47

Ó Deus de toda graça, tu nos ensinaste com clareza que somos declarados justos por tua graça, e que se é pela graça, então "não se baseia em obras"; em tua misericórdia, livra-nos da noção de "graça barata", pois nossa salvação custou ao teu Filho a própria vida. Não permitas que falemos em perdão ou justificação sem apontar para a cruz e convidar aqueles que não o conhecem a render a vida a ele, Jesus Cristo, nosso Senhor e Salvador, que entregou tudo por nós. Amém.

REVERENDÍSSIMO FRANK F. LIMEHOUSE III; ROMANOS 3.24; 11.6

PARA REFLETIR: Mt 10.37; Mc 8.34-38; Lc 9.23; 14.25-35; 23.32-49; Jo 15.18-25; **Rm 3.24; 11.6;** 12.1-2; Fp 1.21; 3.7-8; 2Pe 2.17-22; Ap 3.1-6,14-22

92

A cruz é imposta a cada cristão. O primeiro sofrimento com Cristo, que cada um tem de vivenciar, é o chamado que rompe nossa união com este mundo. É a morte do velho ser humano no encontro com Jesus Cristo. Desde sempre, quem entra no discipulado entrega-se à morte de Jesus, põe a vida à disposição da morte. A cruz não é o fim terrível de uma vida feliz e piedosa; ela se encontra no início da comunhão com Jesus Cristo. Todo chamado de Jesus leva à morte. Talvez se dê à maneira dos primeiros discípulos, que deixaram casa e profissão para segui-lo. [...] Mas, em qualquer situação essa morte nos espera, a morte em Jesus Cristo, a negação de nosso velho ser humano. Jesus Cristo é, com sua palavra, nossa morte e nossa vida.

Dietrich Bonhoeffer, "O discipulado e a cruz", cap. 4,

em *Discipulado*, p. 99

Pai celestial, teu Filho nos ensinou que, se alguém "tentar se apegar à sua vida, a perderá", mas, "se abrir mão de sua vida" por causa dele, "a encontrará". Nós te rogamos que extermines nosso velho Adão e nos dês um novo coração a fim de que afirmemos, em verdade e sinceridade: "Fui crucificado com Cristo; assim, já não sou eu quem vive, mas Cristo vive em mim. Portanto, vivo neste corpo terreno pela fé no Filho de Deus, que me amou e se entregou por mim". Amém

Reverendíssimo Frank F. Limehouse III;

Mateus 16.25; Gálatas 2.20

PARA REFLETIR: Mt 5.1-12; 9.17; 10.38; **16.25;** Jo 3.3; Rm 6.1-6; **Gl 2.20;** 5.16-18; Ef 4.22-24; Fp 3.7-11; 4.8-9; Cl 3.9-17; Tt 2.12-13; Hb 12.3; 1Pe 1.14

Ecce homo! Eis o homem! Nele o mundo foi reconciliado com Deus. Não é mediante derrota que o mundo é subjugado, mas pela reconciliação. Não é por meio de ideais e planos, nem pela consciência, por obrigação, responsabilidade ou virtude que a realidade é confrontada e suplantada, mas somente pelo perfeito amor de Deus. [...] Não é mediante uma ideia generalista acerca do amor que se alcança isso, mas pelo amor de Deus verdadeiramente *vivido* em Jesus Cristo. Esse amor divino não implica abster-se da realidade e tornar-se uma nobre alma reclusa do mundo. Ele vivencia a realidade do mundo e sofre com toda severidade que nela há. O mundo despeja sua fúria contra o corpo de Cristo. Mas, em suplício, Jesus perdoa o pecado do mundo e, assim, a reconciliação se concretiza.

No Deus-homem, o segredo do mundo é desvelado, e nessa figura encontra-se revelado o segredo de Deus.

Dietrich Bonhoeffer, "Ética como formação", cap. 3, parte 1, em *Ética*, p. 72

Ó Senhor Deus todo-poderoso, em Cristo reconciliaste contigo o mundo, "não levando mais em conta os pecados das pessoas" e dando-nos a "mensagem maravilhosa de reconciliação"; concede agora que nenhum de nós, a quem foi confiada essa mensagem, pregue e ensine falsas ideias e princípios concebidos em nossa própria mente, pois este mundo caído e pecaminoso só pode ser suplantado por tua formidável graça, que nos alcança por meio da morte e ressurreição de Cristo, nosso Senhor, que reina eternamente contigo e com o Espírito Santo. Amém.

Reverendíssimo Frank F. Limehouse III; 2Coríntios 5.19

PARA REFLETIR: Mt 1.18-25; 26.57-68; Mc 6.3; 15.6-20; Lc 1.26-56; 2.1-16; 23.1-25; Jo 1.1-14; 19.1-12; **2Co 5.19**; Gl 4.4-7; Fp 2.7; Hb 2.9; 1Pe 2.21

Ecce homo! Eis o Deus que se tornou homem, o insondável mistério do amor de Deus pelo mundo. Deus ama o homem. Deus ama o mundo. Ele não ama o homem ideal, mas o homem tal como é; não o mundo ideal, mas o mundo real. Aquilo que reputamos por abominável na oposição do homem a Deus, aquilo que nos faz contrair em dor e hostilidade — o homem real, o mundo real — para Deus é terreno de amor insondável, e é a isso que ele se une inteiramente. [...] Enquanto distinguimos entre o piedoso e o ímpio, o bom e o perverso, o nobre e o mesquinho, Deus, em seu amor, não faz distinção nenhuma. [...] Ele não permite que classifiquemos os homens e o mundo de acordo com nossos próprios padrões, nem que nos coloquemos como juízes.

Dietrich Bonhoeffer, "Ética como formação", cap. 3, parte 1,
em Ética, p. 73

Senhor Deus todo-poderoso, que por muito amar este mundo decaído deste teu Filho unigênito para que tomasse sobre si nossa natureza e viesse ao mundo à nossa semelhança em todos os aspectos, com exceção do pecado, livra-nos de toda ideia tola baseada em algum tipo de bondade humana inata que supostamente nos faça merecedores de teu amor. Em vez disso, planta em cada coração a gratidão por teu santo nome, pois, embora fôssemos indignos "quando estávamos completamente desamparados, Cristo veio na hora certa e morreu por nós, pecadores". Amém.

Reverendíssimo Frank F. Limehouse III; Romanos 5.6

PARA REFLETIR: Is 9.6; Mt 9.10-12; Lc 1.35; 15.11-32; Jo 1.1-18; 3.16; 8.56; 10.1-42; 13.1-38; 15.13; **Rm 5.6-8**; 8.37-39; Gl 4.4; 1Tm 3.16; 1Jo 1.1-2; 3.16; 4.2,9-12

◇◇◇◇◇◇ **95** ◇◇◇◇◇◇

(O texto a seguir, acerca da soberania de Deus na história, foi escrito enquanto Bonhoeffer era mantido preso pelos nazistas, que o submeteram à forca em 9 de abril de 1945.)

Creio que Deus pode e irá produzir o bem a partir de coisas más, até mesmo da pior delas. Para tanto, ele precisa de homens que façam o melhor uso de tudo o que lhes vier às mãos. Creio que Deus nos dará a força de que precisamos para resistir em tempos de aflição. Mas ele não o faz de antemão, pois, se assim fosse, confiaríamos em nós mesmos, e não nele. Esse tipo de fé deveria dissipar nossos temores quanto ao futuro. Acredito que até mesmo nossos erros e incapacidades são transformados em bem, e que, para Deus, lidar com eles não é mais difícil que lidar com as nossas supostas boas obras. Creio que Deus não é um acaso atemporal; antes, ele não apenas espera por orações sinceras e ações responsáveis como também responde a elas.

DIETRICH BONHOEFFER, *CARTAS E ANOTAÇÕES ESCRITAS NA PRISÃO*, P. 11

Pai celestial, sabemos que fazes "todas as coisas cooperarem para o bem" de quem ama a ti e é chamado segundo o teu propósito. Por tua amorosa graça, dá-nos a força de que carecemos para, a despeito de nossos erros e más escolhas, seguir em frente certos de tua divina providência e confiantes de que ela nos protegerá "ao longo da jornada" e nos conduzirá "em segurança" ao lugar que preparaste para nós, desfazendo assim todas as nossas ansiedades e medos, para tua honra e glória, ó Deus Pai, Filho e Espírito Santo. Amém.

REVERENDÍSSIMO FRANK F. LIMEHOUSE III; ÊXODO 23.20;
ROMANOS 8.28

PARA REFLETIR: Gn 50.20; **Êx 23.20**; Sl 103.19-22; Is 46.10; Jr 32.17-25; **Rm 8.28**; Ef 1.11; Cl 1.16; Ap 1.12-19; 5.6.-10; 11.15-19; 19.11—20.6; 21.1-8; 22.10-17

A menos que tenhamos coragem de lutar pelo restabelecimento de uma distância saudável entre os homens, pereceremos em meio a uma anarquia de valores humanos. O atrevido desprezo com que essa distância é considerada é característica das massas populares. [...] Quando nos esquecemos do que cabe a nós e do que cabe ao outro, e quando a convicção acerca do valor humano e o poder de manter a distância deixam de existir, o caos bate à nossa porta.

Estamos testemunhando o rebaixamento de todas as classes sociais e, ao mesmo tempo, o surgimento de um novo senso de nobreza, que vem unindo homens de todas as camadas sociais já conhecidas. A nobreza surge e existe a partir de sacrifício, coragem e um claro senso de responsabilidade pessoal e social, a partir do evidente respeito que alguém espera receber; ela também revela igual respeito pelos outros, sejam estes de camadas mais altas, sejam de camadas mais baixas. Precisamos recuperar a esquecida noção de qualidade e retomar a ordem social que nela se baseia.

Dietrich Bonhoeffer, *Cartas e anotações escritas na prisão*, p. 12-13

Pai eterno, que criaste os céus e a terra e fizeste o mundo de modo que não fosse "um lugar de vazio e caos", perdoa nossa estupidez, cria em nós um novo coração e dá que respeitemos as pessoas, independentemente de quais sejam as condições ou circunstâncias em que vivem. Concede-nos um espírito de sacrifício e coragem, um claro senso de responsabilidade para com todos e, acima de tudo, um espírito humilde, "pois os que se exaltam serão humilhados, e os que se humilham serão exaltados". Assim, no teu devido tempo, o caos deste mundo se tornará amor e paz, por meio de Jesus Cristo, nosso Senhor. Amém.

Reverendíssimo Frank F. Limehouse III; Isaías 45.18; Lucas 14.11

PARA REFLETIR: Is 45.18; Mt 7.1-2; 11.25-30; **Lc 14.11**; Rm 14.10-13; Ef 4.2; Fp 4.8; Cl 3.13; Tt 2.11-14; Tg 3.1-18; 1Pe 1.13-21; 2Pe 1.5-8; 2.9b-22

LESSLIE NEWBIGIN
(1909–1998)

A história do bispo Lesslie Newbigin se destaca em duas frentes: seu papel como missionário-teólogo para a Índia e seu papel como teólogo-missionário para a cultura ocidental pós-cristã.

Newbigin nasceu em Newcastle upon Tyne, no nordeste da Inglaterra. Em 1928, ingressou no Queens' College, de Cambridge. Foi nessa época que ele se tornou cristão. Em 1931, mudou-se para Glasgow com o objetivo de atuar no Movimento Cristão Estudantil. Em 1933, retornou a Cambridge, onde estudou no Westminster College a fim de se preparar para o ministério cristão. Depois de ordenado ministro presbiteriano em 1936, foi designado como missionário em Madras, na Índia, pela Igreja da Escócia. Em agosto de 1936, casou-se com Helen Henderson, e já no mês seguinte o casal embarcou para a Índia.

Em solo indiano, Newbigin logo notou que as divisões entre os cristãos locais impediam o trabalho missionário. Seu compromisso com o ecumenismo deslanchou quando ironicamente, em 1947, ele mesmo, um ministro presbiteriano (tradição em que não há bispado), foi indicado como um dos primeiros bispos da recém-formada Igreja da Índia do Sul, instituída a partir da coalizão de diversas igrejas protestantes. Seus esforços ecumênicos se expandiram quando, em 1959, ele se tornou secretário geral do Conselho Missionário Internacional, cuja integração ao Conselho Mundial de Igrejas (CMI) supervisionou. Newbigin veio a se tornar secretário geral associado do CMI e trabalhou em Genebra, na Suíça, até 1965, quando retornou à Índia como bispo de Madras. Aposentou-se em 1974, aos 64 anos, e voltou para a Grã-Bretanha, onde iniciou sua segunda empreitada missionária.

Ao examinar a autoidolatria adotada pela cultura secular ocidental, e como esta conhecia pouco do evangelho, Newbigin percebeu que o Ocidente precisava ser evangelizado tanto quanto o restante do mundo. Mas, antes de se engajar nesse compromisso missionário, a igreja precisava redescobrir o evangelho como boas-novas "públicas" acerca do plano divino para a história da humanidade, e não como questão de mera salvação pessoal.

É possível habitar o relato bíblico de maneira tal que o olhar para as Escrituras, vistas de fora, não se equipara ao modo como se olha para o mundo a partir delas, pelas lentes que elas oferecem. [...] A questão não é apenas entender o texto bíblico da mesma maneira que se entende o mundo por meio dele. [...] O uso que fazemos da Bíblia é análogo ao uso que fazemos da linguagem: nós habitamos nela em vez de observá-la de fora.

Mas, para que isso aconteça, "habitar" deve significar ser parte de uma comunidade cuja vida é modelada pelo relato bíblico. Quando vivemos como parte desse relato, sempre re-lembrando e revivendo seus fatos fundamentais, semelhante ao que fazemos na liturgia da igreja, ele se torna como nossa lin-guagem, provendo modelos e conceitos pelos quais buscamos compreender os eventos cotidianos e entender como lidar com eles. Em comunidades cristãs bem firmadas, o aprendizado desse relato ocorre da mesma forma como aprendemos nossa língua materna.

Lesslie Newbigin, Verdade para contar, p. 47-48

Ó Deus, Rei eterno, teu apóstolo Paulo nos ensinou que "toda a Escritura é inspirada por Deus e útil para nos ensinar o que é verdadeiro e para nos fazer perceber o que não está em ordem em nossa vida"; dá-nos humildade individual e coletiva e também a sabedoria de que precisamos para compreender que, ao estudar a Bíblia, não somos nós que a dissecamos, mas tua Palavra é que nos disseca, moldando nosso entendimento sobre nós mesmos, sobre o mundo e sobre ti, Pai, Filho e Espírito Santo, um só Deus, por toda a eternidade. Amém.

Reverendíssimo Frank F. Limehouse III; 2 Timóteo 3.16

PARA REFLETIR: Sl 133.1-3; Mt 26.20-29; Lc 22.14-30; 24.13-27; Jo 17.6-19; At 2.42-47; Rm 12.3-13; 1Co 12.25-27; Gl 6.2; **2Tm 3.16;** Hb 10.24-25

Considerando que o entendimento da história humana implicado na Bíblia é radicalmente diferente daquele implicado em nossa vida pública contemporânea, há pré-requisitos para que as Escrituras encontrem nossa sociedade. [...] Esse encontro não se dá entre um livro e a nossa cultura. A Bíblia não passa de linguagem desencarnada, quando não se vincula à vida da comunidade que fala essa linguagem. Quando é a linguagem viva de uma comunidade viva, sua confiabilidade se revela não por meio de validação externa, mas pelo modo como ela, a Bíblia, capacita a comunidade que a utiliza a compreender o complexo universo de coisas e acontecimentos que os seres humanos precisam enfrentar. [...] Acreditamos que essa é a linguagem que faz sentido por causa da palavra de Deus, encarnada em Jesus.

LESSLIE NEWBIGIN, *VERDADE PARA CONTAR*, P. 48

Pai celestial, que nos deste a mente para pensar e raciocinar à medida que buscamos compreender nosso mundo, nossa existência e as coisas que acontecem a nós e aos outros, conduze teus filhos às Sagradas Escrituras e ilumina-nos para que encontremos verdade, sentido, propósito e, acima de tudo, teu Filho, nosso Salvador, "cheio de graça e verdade", o qual "existia antes de todas as coisas e mantém tudo em harmonia", sim, Jesus Cristo, que reina contigo e com o Espírito Santo, um só Deus, agora e para sempre. Amém.

REVERENDÍSSIMO FRANK F. LIMEHOUSE III; JOÃO 1.14;
COLOSSENSES 1.17

PARA REFLETIR: Sl 86.11; Mt 5.16; Lc 11.34-36; **Jo 1.1-14;** 3.21; 8.31-32; Rm 12.2; 1Co 10.16-17; 12.13; Ef 2.19-22; 4.15-21; **Cl 1.17;** Hb 4.12; 1Pe 1.14-15

Nos evangelhos, a conversão é uma guinada que habilita o homem a crer no reino vindouro de Deus e a participar dele. [...] Afirmar a consumação da obra de Cristo significa alegar que, mediante a participação na comunidade comprometida com Cristo como Senhor, somos capazes de interpretar a ação de Deus na história e, por conseguinte, dedicar-nos a atuar de maneira construtiva nessa história. Tal afirmação tem efeitos sobre a conversão. Propriamente entendida, a conversão a Cristo é essa guinada que, na comunhão daqueles igualmente comprometidos, habilita a pessoa a atuar na história de modo a testemunhar e levar adiante o real propósito de Deus para a criação.

A conversão envolve compromisso com a vontade de Deus. [...] Mas é mais radical que isso. Ela envolve a purificação pessoal mais profunda possível, o perdão, a reconciliação e o renovo.

LESSLIE NEWBIGIN, A FINALIDADE DE CRISTO, P. 110-112

Deus eterno e perene, está registrado nas Escrituras que "ninguém pode dizer que Jesus é Senhor a não ser pelo Espírito Santo". Por esse mesmo Espírito, ó Deus, não permitas que cumpramos esta profecia: "Este povo fala que me pertence; honra-me com os lábios, mas o coração está longe de mim". Que teus filhos experimentem a genuína conversão, a fim de que deem uma guinada rumo à comunhão daqueles que estão comprometidos contigo, até que sejam sujeitos à purificação pessoal mais profunda possível, ao perdão, à reconciliação e à renovação, por meio de nosso Salvador, Jesus Cristo. Amém.

REVERENDÍSSIMO FRANK F. LIMEHOUSE III; ISAÍAS 29.13;
1CORÍNTIOS 12.3

PARA REFLETIR: Is 29.13; Mc 4.20; At 2.37-39; 3.19-21; Rm 12.1-2; **1Co** 6.19-20; **12.3;** 2Co 7.1; Gl 5.16-26; Ef 4.17-24; 1Pe 1.13-25; 1Jo 1.5-10; 3.4-10,13—5.5

Como pode haver uma história universal? Somente se, por algum meio, o narrador se convencer sobre o fim dessa história estando, ele mesmo, no curso dela. Tal convicção será, ao mesmo tempo, um compromisso para agir de certo modo na história que está sendo escrita hoje e que o será amanhã.

Falar da consumação de Cristo é falar dele como chave para a nossa interpretação da história. [...] Isso implica que nossa convicção acerca de Jesus e nosso compromisso em servi-lo nos dão o ponto a partir do qual entendemos a história humana em sua totalidade. Portanto, essa perspectiva nos coloca em uma discussão que inclui não apenas os adeptos de outras religiões, mas todos os que buscam entender a condição humana e discernir o tipo de envolvimento necessário a quem pretende se responsabilizar pelo curso da história da qual somos parte.

LESSLIE NEWBIGIN, *A FINALIDADE DE CRISTO*, P. 71-72

Deus todo-poderoso, que anuncias, "desde já, o que acontecerá no futuro", e cujos planos se cumprirão, porque fazes tudo o que desejas, concede-nos paz, pois concordamos com o antigo ditado: "Não sabemos o que o futuro nos prepara, mas sabemos quem prepara o futuro". Dá-nos força para servir-te em alegre confiança e fé e para buscar em Jesus Cristo a compreensão dos fatos passados, presentes e futuros, sabendo que "ele existia antes de todas as coisas e mantém tudo em harmonia". Amém.

REVERENDÍSSIMO FRANK F. LIMEHOUSE III; ISAÍAS 46.10-11;
COLOSSENSES 1.17

PARA REFLETIR: Is 46.9-11; Mt 24.3-50; Lc 21.29-36; 1Co 15.20-28; Ef 1.3-11; **Cl 1.15-17;** 2Ts 1.7,10; Tt 2.1-14; Ap 1.17-20; 21.1-7; 22.1-7,17-21

A religião, portanto, nunca poderá ser assunto particular: é uma visão do sentido da vida humana como um todo, ancorada na ação primeira de Deus ao estabelecer sua aliança com a humanidade. A vida do homem é uma unidade, e falar em uma área específica da vida chamada "religião" é recorrer a uma abstração irreal.

Os eventos pelos quais se instituiu e se renovou a aliança de Deus com a humanidade — fatos reais registrados na história — não podem de maneira nenhuma ser reduzidos a "ilustrações" de uma relação atemporal entre Deus e a alma do indivíduo. A história tem uma estrutura real, oferecida mediante os atos dessa aliança. O homem cumpre seu chamado ao participar dessa história. A igreja, como comunidade incumbida de testemunhar tal aliança, nada pode fazer além de sinalizar os eventos pelos quais os contornos da história, em sua totalidade, são manifestos.

LESSLIE NEWBIGIN, *TESTEMUNHO CRISTÃO*
NUMA SOCIEDADE PLURALISTA, P. 13

Ó Senhor, nosso Pai celestial, cuja vontade é que teus filhos vivam na fé em Cristo e pela fé nele, mantém adiante de nós, à medida que cumprimos nossa jornada aqui na terra, as palavras do apóstolo: "Não vivemos nem morremos para nós mesmos. Se vivemos, é para honrar o Senhor. E, se morremos, é para honrar o Senhor. Portanto, quer vivamos, quer morramos, pertencemos ao Senhor". Assim pedimos em nome desse mesmo Senhor, Jesus Cristo. Amém.
REVERENDÍSSIMO FRANK F. LIMEHOUSE III; ROMANOS 14.7-8

PARA REFLETIR: Sl 105.8-11; 118.1-29; Is 40.21-31; 53.1-12; Jr 31.31-34; 50.5; Mt 5.17; **Rm 14.7-8**; 1Co 15.51-58; Gl 3.8; Hb 6.18; 8.8.13; 12.18-24; 13.20

Da perspectiva bíblica, a fé cristã é uma interpretação da história pública do homem e também de sua história espiritual individual; separá-las é violentar a real natureza humana. [...] A verdadeira descoberta da igreja primitiva, a saber, que Jesus, o Cordeiro imolado, é também o vitorioso Leão da tribo de Judá, poderia — depois da conversão do Império Romano — ser fácil e fatalmente traduzida como uma falsa imagem de Jesus, visto como o equivalente celeste dos governantes terrenos.

Contra todos esses mal-entendidos encontra-se, no cerne do cristianismo, o fato de que Jesus, que veio anunciar e personificar o reino de Deus, morreu na cruz como um derrotado, condenado e excomungado. [...] É *esse* Jesus que a igreja proclama como o ressurreto e vitorioso Senhor e Rei. O crucificado é Senhor; o Senhor é o crucificado.

Lesslie Newbigin, Testemunho cristão numa sociedade pluralista, p. 14

Deus, nosso Pai, cujo Filho exaltamos como "Senhor dos senhores e Rei dos reis", mas o qual também disse "Meu reino não é deste mundo", concede que os fiéis proclamem ao mundo a maior das glórias, a cruz de Cristo, pois ele "veio em forma humana, humilhou-se e foi obediente até a morte, e morte de cruz", para que, ao nome dele, "todo joelho se dobre, nos céus, na terra e debaixo da terra, e toda língua declare" que Jesus Cristo é Senhor, para a glória de Deus Pai. Amém.

Reverendíssimo Frank F. Limehouse III; João 18.36; Filipenses 2.7-8,10-11; Apocalipse 17.14

PARA REFLETIR: Ez 36.24-28; Mt 4.1-11; 5.1-16; 6.9-13; 26.24-54; Mc 1.12-13; 15.1-39; Lc 4.1-13; 23.1-49; **Jo 18.36;** 19.12-37; Rm 14.7; **Fp 2.8,10-11; Ap 17.14**

MADRE TERESA
(1910–1997)

Nenhum nome do cristianismo moderno é mais universalmente reconhecido que o de Madre Teresa de Calcutá, não somente pelos escritos que ela deixou, mas pela qualidade dos serviços que prestou aos necessitados.

Nasceu sob o nome de Anjezë Gonxhe ("botão de rosa") Bojaxhiu, na cidade de Skopje, na Macedônia. Aos 8 anos de idade, perdeu o pai, fato que a aproximou ainda mais da mãe compassiva, a qual frequentemente abria a casa para pessoas carentes. Quando tinha 12 anos, durante uma peregrinação à Igreja da Virgem Negra, em Letnica (parte oriental de Kosovo), Anjezë sentiu-se chamada à vida religiosa. Aos 18, viajou para Dublin, na Irlanda, onde se juntou às Irmãs de Loreto e adotou o nome de Irmã Maria Teresa, em referência a Teresa de Lisieux (1873–1897). Um ano depois, deslocou-se para Calcutá e, em seguida, para Darjeeling, ambas na Índia, para um período de dois anos de noviciado que precederia sua primeira profissão de votos, ocorrida em 25 de maio de 1931. Teresa comprometeu-se com uma vida de pobreza, castidade e obediência, com especial atenção ao ensino de jovens. Foi enviada a Calcutá para instruir garotas de famílias bengalesas muito pobres, sempre procurando conduzi-las a Cristo. Em vista disso, aprendeu a falar bengalês e hindi. Teresa fez sua última profissão de votos de pobreza em 24 de maio de 1937 e, como era tradição, assumiu o título de "madre".

Em 10 de setembro de 1946, durante uma viagem de trem de Calcutá até o sopé do Himalaia, Madre Teresa experimentou "um chamado dentro do chamado" (*Venha, seja minha luz*, p. 3), no qual Cristo a instruiu a trabalhar nas favelas de Calcutá, em meio a miseráveis e enfermos. Desse chamado originaram-se as Missionárias da Caridade, congregação cuja aprovação canônica lhe foi concedida. Em 19 de outubro de 2003, o papa João Paulo II beatificou Madre Teresa. E, em 4 de setembro de 2016, muito perto do aniversário de 19 anos de sua morte, ocorrida em 5 de setembro de 1997, ela foi canonizada.

Com frequência vemos fios curtos e outros longos, cabos elétricos dos mais baratos aos mais caros — todos são, em si, inúteis: se não forem percorridos pela corrente elétrica, não haverá luz. Vocês e eu somos fios. Deus é a corrente. Podemos deixar que a corrente nos atravesse e nos use para produzir a luz do mundo, ou podemos nos recusar a ser usados, permitindo, assim, que a escuridão se espalhe. Minha oração é que cada um de vocês seja santo a fim de espalhar o amor de Deus. [...] Deixem a verdade dessa luz iluminar a vida de cada pessoa, a fim de que Deus continue amando o mundo por meio de vocês e de mim. Dediquem-se a viver como luz resplandecente.

A Palavra encarnada é como uma chama viva: quanto mais seco o combustível, com mais intensidade ela queima — é assim que nosso coração deve se apartar dos assuntos mundanos e se apegar à vontade de Deus.

MADRE TERESA, A VIDA NO ESPÍRITO, P. 7-8

Pai eterno, tu chamaste teus filhos a que fossem luz em um mundo escurecido pela culpa; uma vez que "não faz sentido acender uma lâmpada e depois colocá-la sob um cesto", mas sim deve-se colocá-la "num pedestal, de onde ilumina todos que estão na casa", inspira-nos a fazer resplandecer nossa mais intensa luz, aquela que brota do amor de um pecador perdoado, pois, como teu Filho ensinou, "a pessoa a quem pouco foi perdoado demonstra pouco amor"; por meio de teu Filho Jesus, nosso Senhor, que vive contigo e com o Espírito Santo, um só Deus, agora e para sempre. Amém.

REVERENDÍSSIMO FRANK F. LIMEHOUSE III; MATEUS 5.15;
LUCAS 7.47

PARA REFLETIR: Is 60.1; **Mt 4.16; 5.13-15; Lc 7.47;** Jo 1.4-8; 8.12; 12.36; At 26.18; Rm 12.2; 2Co 4.6; Ef 5.8; Fp 2.14-16; 1Ts 5.5; 1Pe 2.9; 1Jo 1.5-10

Precisamos orar pedindo a luz que ilumina corretamente a palavra de Deus e o amor que aceita sua vontade e obedece a ela.

Jesus veio como a Luz do mundo. A imagem da luz que irradia verdade e vida em um mundo assolado pelas trevas é recorrente nos evangelhos. [...] Paradoxalmente, parece haver dois tipos de trevas. Há as trevas do pecado e da morte, e há as trevas que permitem que nos tornemos aquelas crianças pequenas às quais devemos nos assemelhar se quisermos entrar no reino dos céus. [...] O cego está preparado para se lançar completamente às mãos de Deus, a fim de ser guiado como uma criança. Talvez seja por isso que, para nos alçar à condição de servir, Deus nos faça mergulhar na escuridão. [...] Assim, aprendemos a confiar somente no Senhor e nos tornamos canais efetivos da luz que vem não de nós, mas dele.

MADRE TERESA, *A VIDA NO ESPÍRITO*, P. 8

Deus de misericórdia e graça, cujo "poder opera melhor na fraqueza", leva-nos a cair de joelhos como o cego Bartimeu — necessitado, humilhado, sem nada a oferecer —, cuja única esperança era receber a amorosa misericórdia de Jesus de Nazaré, e abre nossos olhos, como fizeste com os do mesmo Bartimeu, para que contemplemos Jesus como Salvador e, então, alegremente atraiamos outros para esse Salvador, a Luz do Mundo. Amém.

REVERENDÍSSIMO FRANK F. LIMEHOUSE III; 2CORÍNTIOS 12.9

PARA REFLETIR: Mt 18.33; **Mc 10.46-52;** Lc 4.18; Jo 1.5-9,14,17; 3.21; 4.23-24; 8.12,32; 12.36,46; 14.6; 16.13; 17.17; At 26.18; Rm 13.12; **2Co 12.9;** Ef 5.8; 6.12; Cl 1.13

Nunca devemos nos habituar com a preocupação quanto ao futuro. Não há razão nenhuma para isso, pois Deus está presente. Quando ansiamos por dinheiro, ansiamos também por aquilo que o dinheiro pode oferecer: coisas supérfluas, ambientes agradáveis, luxo à mesa, mais roupas, admiradores etc. Nossas necessidades aumentam, pois uma coisa chama outra, resultando em insatisfação sem fim.

A primeira pobreza verdadeira ocorreu quando Cristo "esvaziou a si mesmo". Por nove meses, ele se manteve anônimo no ventre de Maria; nem mesmo São José sabia quem Jesus era: tendo todas as coisas, todavia nada possuía. [...] Não havia necessidade nenhuma de Jesus se lançar a essa absoluta pobreza. Existe uma única razão para tanto: ele quis que fosse assim. Ele desejou ser completamente como "um" de nós.

Madre Teresa, "O que é a pobreza?",
em Escritos essenciais, p. 107-108

Pai celestial, quando o assunto é doar, tu nos ensinaste que "cada um deve decidir em seu coração quanto dar" e que não devemos contribuir "com relutância ou por obrigação", pois tu amas "quem dá com alegria". Derruba os muros de nosso egoísmo, para que nos tornemos entusiasmados doadores de dinheiro, amor e bondade àqueles que enfrentam carência espiritual ou material. Pedimos que faças assim a fim de que reflitamos o amor de Jesus Cristo, que por amor a nós "se fez pobre, para que por meio da pobreza dele" nós nos tornássemos ricos. Amém.

Reverendíssimo Frank F. Limehouse III; 2Coríntios 8.9; 9.7

PARA REFLETIR: Mt 5.1-12; 6.19-21,24; Lc 1.26-38; 12.15,33-34; Rm 12.2; **2Co 8.1-15; 9.7;** Fp 2.5-11; 3.7-16; 1Tm 6.6-10; Hb 13.5; Tg 2.1-7; 3.13-4.10; 5.11-20; 1Jo 2.16; 3.17

Para garantir que deixam a graça de Deus trabalhar em sua alma, aceitem o que quer que ele lhes dê e deem-lhe o que quer que ele tome de vocês. A verdadeira santidade consiste em fazer a vontade de Deus com um sorriso no rosto.

A solicitude é o ponto de partida da grande santidade. Se vocês aprenderem a arte de se mostrarem solícitos, mais e mais parecidos com Cristo se tornarão, pois ele tinha coração dócil e sempre pensava nos outros. Jesus "foi por toda parte fazendo o bem". Em Caná, Nossa Senhora não fez nada mais que pensar na necessidade alheia e torná-la conhecida a Jesus. Tão prestativos Jesus, Maria e José eram que tornaram Nazaré o domicílio do Deus Altíssimo. Se tivermos o mesmo tipo de solicitude uns para com os outros, nossas comunidades de fato se tornarão morada desse mesmo Deus Altíssimo.

MADRE TERESA, "EM BUSCA DE SANTIDADE",
EM *ESCRITOS ESSENCIAIS*, P. 130

Deus todo-poderoso, que escolheste "os pobres deste mundo para serem ricos na fé" e os fizeste "herdeiros do reino prometido" àqueles que te amam, concede-nos um coração cheio de fé e amor para alcançar o faminto, o sedento, o estrangeiro, o despido, o enfermo e o prisioneiro, pois, agindo assim, alcançaremos a ti e honraremos muitos deste mundo que serão os primeiros em teu reino; por meio de Jesus Cristo, nosso Senhor. Amém.

REVERENDÍSSIMO FRANK F. LIMEHOUSE III; TIAGO 2.5

PARA REFLETIR: Sl 37.11; Pv 31.26-31; Lc 22.42; Jo 2.1-12; 7.17; At 10.38; Gl 5.22-23; 6.1; Fp 4.8; Cl 3.12; Tt 3.12; **Tg 2.1-13**; 3.17; 4.6-10; 1Pe 3.4

(Em 1937, quando estava prestes a fazer sua profissão de votos perpétuos, Teresa escreveu para um ex-confessor, o padre jesuíta Franjo Jambreković, uma carta na qual expressou o segredo da obra de Deus em sua vida.)

Eu de fato não consigo ser suficientemente grata a Deus por tudo o que ele tem feito por mim. Sou dele por toda a eternidade! Agora, regozijo de todo o coração por ter carregado minha cruz com Cristo, e por tê-lo feito com alegria. Houve sofrimento — ocasiões em que meus olhos se encheram de lágrimas —, mas graças sejam dadas a Deus por tudo.

Não pense que minha vida espiritual é só rosas — essa é uma flor que encontrei muito raramente durante a caminhada. Pelo contrário, minha companhia mais frequente é a "escuridão". E, quando a noite se adensa por demais — e me sinto como alguém que segue rumo ao inferno —, simplesmente me ofereço a Jesus. Se ele quiser que eu vá para lá, estou pronta, mas só sob a condição de esse ato verdadeiramente satisfazê-lo. Preciso de muita graça, muito da força de Cristo para perseverar em confiança, naquele amor cego que conduz unicamente a Jesus crucificado.

Madre Teresa: Venha, seja minha luz, p. 20

Pai misericordioso que dás força ao fraco, quando estivermos sobrecarregados com as cruzes que devemos levar, concede-nos a esperança de que necessitamos para dizer de todo o coração: "De todos os lados somos pressionados por aflições, mas não esmagados; ficamos perplexos, mas não desesperados"; "nosso corpo continua a participar da morte de Jesus, para que a vida de Jesus também se manifeste em nosso corpo". Amém.

Reverendíssimo Frank F. Limehouse III; 2Coríntios 4.8,10

PARA REFLETIR: 1Rs 19.1-18; Sl 42.1-11; Mt 11.29; 26.36-46; Mc 8.34-35; 14.35-36; Jo 15.1-7; 1Co 10.13; **2Co 4.8-10;** Fp 2.5-8; Hb 12.3-24; 1Pe 5.6-10

Todo domingo, visito os pobres nas favelas de Calcutá. Não posso ajudá-los, pois não disponho de coisa alguma, mas dou-lhes alegria. Da última vez, cerca de vinte pequeninos esperavam ansiosos pela "Ma", como eu era conhecida. Quando me viram, correram até mim, até mesmo pulando em um pé só. Então entrei. Naquele *para* — termo que nomeia um conjunto de casas aqui — viviam doze famílias, cada uma ocupando um cômodo apenas. [...] O teto era tão baixo que eu mal conseguia ficar em pé. [...] A pobre mãe daquela família não pronunciou uma só palavra sobre sua pobreza. Era doloroso para mim ver aquela situação, mas, ao mesmo tempo, fiquei muito contente ao notar que estavam felizes com minha visita. Por fim, aquela mãe me disse: "Oh, Ma, venha outra vez! Seu sorriso traz o sol para esta casa!".

MADRE TERESA: VENHA, SEJA MINHA LUZ, P. 27

Deus todo-poderoso, teu Filho, nosso Senhor, nos ensinou que todas as gerações terão a oportunidade de alcançar o necessitado com amor, dizendo: "Vocês sempre terão os pobres em seu meio"; e também nos ensinou que, ao oferecer um banquete, devemos convidar "os pobres, os aleijados, os mancos e os cegos". Dá a teus filhos, Pai, um espírito grato pelas bênçãos que tu nos concedeste, e assim fluirá continuamente de nosso coração um zelo amoroso pelos outros, para tua honra e glória, por meio do próprio Jesus Cristo, nosso Senhor. Amém.

REVERENDÍSSIMO FRANK F. LIMEHOUSE III; MARCOS 14.7;
LUCAS 14.13

PARA REFLETIR: Lv 19.10; Dt 15.9; 27.19; 1Sm 2.8; Sl 12.5; 14.6; 72.4; Jr 20.13; Ez 16.49; Mt 25.35; **Mc 14.7; Lc 14.13;** At 9.36; Gl 2.10; Tg 2.2-6

(O objetivo das Missionárias da Caridade é "saciar a sede que Jesus sentiu na cruz" [*Venha, seja minha luz*, p. 153]. Para Madre Teresa, João 19.28 era um resumo e um lembrete de seu chamado; isso revela que sua comunhão com Cristo acontecia no contexto do Calvário.)

"Estou com sede", disse Jesus na cruz, privado de qualquer consolo, morrendo em absoluta miséria, sozinho, desprezado, com o corpo e a alma arruinados. Ele falava de uma sede não de água, mas de amor, de sacrifício.

Jesus é Deus; portanto, seu amor e sua sede não têm fim. Nosso propósito é saciar essa sede infinita de um Deus que se fez homem. Do mesmo modo que anjos celestiais adoradores cantam louvores a Deus continuamente, assim as Irmãs, pelos votos de Absoluta Pobreza, Castidade, Obediência e Caridade com que servem aos pobres, saciam a Deus constantemente ao amá-lo e ao mostrar amor às almas que elas mesmas conduzem a ele.

Madre Teresa: Venha, seja minha luz, p. 41

Ó Senhor Jesus Cristo, Filho do Deus vivo, "quem sondará, quem contará a dor que padeceste"? As palavras que pronunciaste no Calvário, "Estou com sede", expressaram não apenas uma real e extrema sede de água, mas também uma sede espiritual e infinita, que pode ser saciada por filhos de Deus que se sacrificam por aqueles que estão aflitos, necessitados, doentes e miseráveis. Oramos, ó Senhor, para que envies teu Santo Espírito ao nosso coração e, assim, em amor ao próximo, possamos saciar tua divina sede. Amém.

Reverendíssimo Frank F. Limehouse III; Cecil Frances Alexander (1818–1895), "Oh, quanto, quanto nos amou", da trad. de João Gomes da Rocha (1861–1947), Hinário; João 19.28

PARA REFLETIR: Dt 10.12; Sl 34.7; 103.20; Mt 1.18; 18.10; 23.27; 27.32-54; Lc 1.35; 15.10; **Jo** 1.14; **19.25-30**; 1Co 10.31; 1Tm 3.16; 1Jo 1.1-2; 4.2; Ap 5.9-13

THOMAS MERTON
(1915–1968)

Pode-se questionar por que Thomas Merton, monge trapista e escritor prolífico, é citado em um livro de "heróis da igreja". Alguns dos interesses tardios de Merton fizeram que críticos contestassem sua fidelidade aos votos monásticos e à ortodoxia cristã. Apesar disso, é inquestionável que Merton foi alguém cheio do conhecimento e do testemunho de Cristo.

Nascido em Prades, na França, Thomas ficou órfão aos 16 anos. Cresceu em uma atmosfera destituída de interesses e ensinamentos religiosos, tendo frequentado escolas nas ilhas Bermudas, na França, na Inglaterra e nos Estados Unidos. Em 1935, depois de passar por Cambridge, Merton se matriculou na Universidade Columbia, em Nova York, onde obteve os graus de bacharel e mestre, desenvolveu-se como escritor e tornou-se amigo de autores, artistas e filósofos influentes. Com a morte de seus amados avós, Merton se interessou por alguns místicos católicos, pelas *Confissões* de Agostinho e pela Igreja Católica Romana. Em 1938, converteu-se ao catolicismo romano; então, gradativamente, cultivou a ideia de se tornar monge. No período em que lecionou na St. Bonaventure University, perto de Olean, Nova York, ouviu falar da Abadia de Nossa Senhora do Getsêmani, um mosteiro trapista próximo de Bardstown, no Kentucky. Depois de se retirar por um tempo ali, Merton foi aceito como postulante em 13 de dezembro de 1941; sua intenção era o sacerdócio. Em sua aclamada autobiografia, *A montanha dos sete patamares* (1948), Merton detalha as mudanças em sua vida religiosa que o levaram a se tornar monge trapista (seus votos solenes foram proferidos em 1947) e padre católico (ordenado em 1949).

Durante a década de 1960, Merton criticou a Guerra do Vietnã e apoiou o movimento pelos direitos civis. Ao final da vida, desenvolveu grande interesse pela relação entre o cristianismo e algumas tradições religiosas orientais, sobretudo o zen budismo. Os esforços que depreendeu para conciliar o zen e sua fé cristã renderam suspeitas acerca de sua ortodoxia e de sua fidelidade aos votos trapistas.

Talvez uma das funções de um contemplador [cuja vida é essencialmente devotada à oração, em especial em um mosteiro ou convento] seja ajudar outras pessoas, com palavras ou puramente com o exemplo, a perceber quanto são capazes de amar a Deus — ou quanto já o amam sem sabê-lo.

Cristo se reconhece quando as almas que se assemelham a ele em caridade percebem-se mutuamente por alguma expressão do amor dele mesmo ofertado de umas para outras; então, elas começam a adorá-lo, a agradecer-lhe e a mover-se umas na direção das outras para que o amor se expanda, na alegria do próprio Cristo.

É magnífico quando Cristo, escondido nas almas — e talvez forçado pelo mundo a manter-se oculto —, inesperadamente se manifesta mediante uma expressão fortuita de sua presença. Quando isso ocorre, as almas se iluminam todas ao reconhecê-lo e o descobrem em si mesmas sem sequer terem imaginado que ele estivesse em algum lugar.

Sendo única, a imagem dele está em todos nós; e nós o descobrimos ao perceber, uns nos outros, a semelhança dessa imagem.

THOMAS MERTON, *O SINAL DE JONAS*, P. 149-150

Deus de infinita sabedoria e conhecimento, "a quem todos os corações se abrem" e que conhece o coração humano como ninguém mais, concede-nos que quando Cristo, na pessoa do Espírito Santo, misericordiosamente habitar em nós, manifestando-se em amor e bondade, tenhamos a humildade de reconhecer que essas virtudes não vêm de nós, mas do próprio Cristo, para que gloriquemos somente a ti, ó Pai, Filho e Espírito Santo. Amém.

REVERENDÍSSIMO FRANK F. LIMEHOUSE III; "A PALAVRA DE DEUS",
SANTA EUCARISTIA: RITO I, LOC

PARA REFLETIR: Sf 3.17; Mt 25.1-46; Jo 13.34; Rm 12.10; 13.10; 1Co 1.1-13; **Gl 2.20;** Ef 4.1-32; 1Jo 3.16-17; 4.1-21; 5.5

O mal no mundo moderno deveria ser suficiente para indicar que não sabemos tanto quanto pensamos saber. É um estranho paradoxo que o homem moderno deva saber tanto e ainda não conheça quase nada.

A plena felicidade do homem e sua sanidade dependem de sua condição moral. E uma vez que a sociedade não existe por si só, mas é feita de indivíduos que a compõem, os problemas sociais não podem ser definitivamente resolvidos senão nos termos da vida moral desses indivíduos. Se os cidadãos são saudáveis, a cidade será saudável. Se os cidadãos são animais selvagens, a cidade será uma selva.

Mas a moralidade não é um fim em si mesmo. Para um cristão, a virtude não é a recompensa pela própria virtude. Deus é nossa recompensa. A vida moral leva a algo que a ultrapassa: a experiência da união com Deus e nossa transformação na semelhança dele.

THOMAS MERTON, *ASCENSÃO PARA A VERDADE*, P. 6-8

Eu te rogo, ó meu Deus, que me concedas conhecer-te, amar-te e alegrar-me em ti, e se nesta vida eu não conseguir a plenitude dessas coisas, ao menos deixa-me avançar dia após dia, mais e mais, até que finalmente eu seja cheio delas. Que meu conhecimento de ti aumente; que em mim cresça teu amor até que seja pleno; que minha alegria aqui seja engrandecida pela esperança, até que ela se complete em ti no dia da ressurreição. Amém.

ANSELMO (C. 1033–1109), ARCEBISPO DE CANTUÁRIA, *LIVRO DE MEDITAÇÕES E ORAÇÕES*, MEDITAÇÃO 21, SEÇÃO 106

PARA REFLETIR: Dt 5.33; Sl 119.105; Pv 3.5-6; 27.17; Ec 4.9-12; **Rm 12.9-21;** 13.1-7; 1Co 12.25-27; Gl 5.19-21; Ef 2.10; 5.3-4; Fp 2.3-16; Hb 12.1

A Verdade de que o homem precisa não é uma abstração filosófica, mas o próprio Deus. O paradoxo da contemplação é que Deus só é realmente conhecido quando amado. E não podemos amá-lo a menos que façamos sua vontade. Isso explica por que o homem moderno, apesar de saber muito, é ignorante. Porque nele não há amor, não consegue ver a única Verdade que importa.

Deus se faz presente de maneira muito especial e se manifesta no mundo toda vez que é conhecido e amado. [...] Sua glória resplandece inefavelmente mediante aqueles a quem ele uniu a si mesmo. Quem não sabe nada de Deus tem o direito de esperar que nós, que supomos conhecê-lo, ofereçamos evidências disso, não apenas respondendo a quem nos pergunta "a razão de nossa esperança", mas, acima de tudo, pelo testemunho de nossa própria vida.

THOMAS MERTON, *ASCENSÃO PARA A VERDADE*, P. 10-11

Deus eterno e todo-poderoso, tu nos chamaste a fazer tua vontade e a obedecer aos teus mandamentos, dos quais o maior é amar a ti de todo o coração, alma, mente e força; bem sabes que estamos muito aquém disso e, ainda assim, nosso amor por ti é imenso, pois fomos imensamente perdoados. Torna-nos ainda mais conscientes de nosso pecado, a fim de que nosso amor por ti aumente e o testemunho de nossa vida dê bons frutos, para tua honra e glória, por meio de nosso Salvador Jesus Cristo. Amém.

REVERENDÍSSIMO FRANK F. LIMEHOUSE III; MARCOS 12.30

PARA REFLETIR: Sl 40.9-10; Mt 5.13,16; **Mc 12.30; Lc 7.47;** Rm 10.14-15; 2Co 4.5-6; Fp 2.15; Cl 2.11-12; Tg 1.22-25; 2.8-17; **1Pe 3.15;** 1Jo 2.1-29

(Depois de um turbulento processo decisório, Merton havia chegado a Bardstown, Kentucky, onde ingressaria como postulante no Getsêmani, o mosteiro trapista próximo dali.)

Eu estava livre, havia recobrado minha liberdade; pertencia a Deus, não a mim mesmo. E pertencer a ele é ser livre, livre das ansiedades, preocupações e tristezas próprias desta terra e livre do apreço pelas coisas que nela existem. Que diferença poderia haver entre um lugar e outro, uma habitação [monástica] e outra, se a vida pertencia a Deus e estava completamente abrigada nas mãos dele? A única coisa que importava era o sacrifício, a dedicação essencial do próprio eu, da própria vontade. O restante era puramente involuntário.

Só há felicidade onde há paridade com a Verdade, a Realidade, o Ato que fundamenta e direciona todas as coisas à sua completude essencial e contingencial — e é essa a vontade de Deus. Só há uma felicidade: agradá-lo. Só uma tristeza: desagradá-lo, rejeitá-lo, voltar-lhe as costas.

THOMAS MERTON, A MONTANHA DOS SETE PATAMARES, P. 370

Ó Deus, nosso Pai misericordioso, se há apenas uma felicidade real, agradar-te, e apenas uma tristeza real, desagradar-te, concede-nos sabedoria espiritual para que reconheçamos que crer em teu Filho como nosso Salvador, que morreu por nossos pecados e ressuscitou — sem o rejeitar e sem lhe voltar as costas —, causa em ti grande prazer, assim como deixar de crer nele — rejeitando-o e voltando-lhe as costas — causa em ti grande desprazer. Faz assim mediante o próprio Jesus Cristo, que vive eternamente contigo e com o Espírito Santo. Amém.

REVERENDÍSSIMO FRANK F. LIMEHOUSE III

PARA REFLETIR: Dt 28.1-68; 30.6; 1Rs 8.61; Sl 40.8; Pv 3.5; 16.3; Is 26.3; 50.4-9; Jr 42.6; **Jo 6.29**; 8.32-36; 14.23; Rm 6.17; 8.1-2; 12.2; 15.13; Ef 5.1-11

BILLY GRAHAM
(1918–2018)

Billy Graham figura entre grandes evangelistas, como D. L. Moody e Billy Sunday. O historiador Grant Wacker, da Universidade Duke, afirmou que, ao lado de Martin Luther King Jr. e o papa João Paulo II, Graham foi "um dos cristãos mais influentes e criativos do século 20" (*America's Pastor*, p. 2). Em seu ministério, Graham enfrentou desafios diferentes daqueles por que passaram Moody e Sunday, mas sua mensagem coincidia com a deles: Jesus Cristo é amigo dos pecadores e, independentemente do passado que tenham, pode introduzi-los no reino de Deus. Como Moody e Sunday, Graham proclamou, em linguagem simples, que Jesus Cristo é a esperança das nações. Em conversas com o evangelista, na casa em que este residia no topo de uma montanha na Carolina do Norte, Wacker — que o chama de "pastor da América" (p. 282) — reconheceu nele uma pessoa muito humana, que confiava em Cristo como seu Salvador e não ficava justificando as ocasiões em que por vezes deixou de "expressar a verdade aos poderes [políticos]" (p. 297). Contudo, durante décadas, Graham chamou seus ouvintes à "responsabilidade" pública e privada como cristãos, norte-americanos e cidadãos do mundo (p. 2).

Nascido em Charlotte, na Carolina do Norte, e crescido em uma fazenda leiteira, Graham foi influenciado, quando adolescente, pelo evangelista Mordecai Ham († 1961). Graham graduou-se no Wheaton College, em Illinois, onde conheceu Ruth McCue Bell, filha de um missionário na China com a qual se casou. Ruth exerceu enorme influência no ministério do esposo. Em 1939, Graham foi ordenado ministro pela Convenção Batista do Sul, mas nunca fez dessa identificação denominacional uma bandeira.

A agitada carreira de Billy Graham começou em Los Angeles, durante um reavivamento ocorrido no ano de 1949. A ocasião seguia para um desfecho comum quando Stuart Hamblem, um radialista famoso, convidou Graham para seu programa, e William Randolph Hearst, magnata do jornalismo, recomendou que os noticiários cobrissem os encontros reavivalistas conduzidos pelo jovem evangelista. Ali desabrochava o formidável legado da Associação Evangelística Billy Graham.

O gênio inventivo do homem deu-lhe condições de mudar tudo, exceto a si mesmo. Pois, a despeito do tão aclamado "progresso", o homem continua sendo o que era no início.

O pecado também permanece intocado, embora o homem não tenha medido esforços para modificá-lo. Temos buscado dar-lhe outros nomes, colocando novos rótulos no mesmo frasco de veneno de sempre. Tentamos caiar o edifício podre e fingir que ele parece seguro (ou novo).

Temos buscado chamar o pecado de "erro", "equívoco" ou "mal-entendido", mas ele permanece o mesmo. Não importa quanto tentemos redimir nossa consciência, sabemos que os homens ainda são pecadores; e as consequências do pecado ainda são doença, frustração, desilusão, desespero e morte.

Cristo veio para nos dar respostas aos persistentes problemas do pecado, da amargura e da morte. E a persistência dele é insuperável.

BILLY GRAHAM, *PAZ COM DEUS*, P. 13-14

Deus todo-poderoso, "se afirmamos que não temos pecados, enganamos a nós mesmos e não vivemos na verdade", mas, "se confessamos nossos pecados", tu és "fiel e justo para perdoar nossos pecados e nos purificar de toda injustiça". Que teu Santo Espírito faça nosso coração cair de joelhos, para que apresentemos nossas confissões, certos de tua amável misericórdia. Indignos que somos, tu nos salvarás segundo a tua Palavra, e cantaremos louvores a ti continuamente, durante nossos dias na terra e também na eternidade no céu; por meio de Jesus Cristo, nosso Senhor e Salvador. Amém.

REVERENDÍSSIMO FRANK F. LIMEHOUSE III; 1João 1.8-9

PARA REFLETIR: Gn 3.1-24; Dt 30.15-16; Sl 32.5; Is 59.1-2; Mt 25.31-43; Jo 3.16-17; 6.50-71; Rm 1.18-23; 5.21; 6.23; Ef 2.8-9; Cl 1.21-23; **1Jo 1.8-9;** 3.6-8

No Evangelho de João, há uma descrição da perspectiva de Jesus sobre aqueles que o seguiam: "Jesus, porém, não confiava neles, pois conhecia a todos". A mente daqueles homens e mulheres acreditava em Jesus, mas não o coração.

Há uma enorme diferença entre crença intelectual e conversão que salva a alma. [...] Milhares de pessoas tiveram algum tipo de experiência emocional à qual se referem como sendo conversão, mas elas nunca se converteram de fato.

Cristo requer que você mude de vida — e se sua vida não condiz com aquilo que você experimentou, então há razões de sobra para duvidar dessa experiência! É certo que suas emoções serão modificadas e você passará a odiar o pecado e amar a justiça.

Deve haver conversão da própria vontade! Deve haver aquele compromisso de obedecer e seguir a Cristo. [...] O "eu" deve ser pregado na cruz.

Billy Graham, Paz com Deus, p. 135

Senhor Deus, nosso Pai, tu disseste: "Este povo fala que me pertence; honra-me com os lábios, mas o coração está longe de mim. A adoração que me prestam não passa de regras ensinadas por homens". Pelo poder do teu Santo Espírito, concede a todos que se dizem cristãos uma conversão que de fato caracterize renascimento, a fim de que honremos a ti, não apenas com os lábios, mas também com nossa vida; por meio de Jesus Cristo, nosso Senhor, a quem, juntamente contigo e com o Espírito Santo, sejam toda honra e toda glória, por toda a eternidade. Amém.

Reverendíssimo Frank F. Limehouse III; Isaías 29.13

PARA REFLETIR: Is 29.13; Lc 9.23-24; **Jo 2.23-24**; At 17.30-31; Rm 6.1-4,11; 8.12-13; **Gl 2.20**; **5.24**; Ef 2.1-22; 4.22; Cl 3.1-17; 1Ts 5.4-11,23-24; Tg 4.8

Um cristão pode ser sincero em sua busca pelo poder do Espírito Santo e, ainda assim, buscá-lo por motivos errados. Há quem o busque por algum tipo de experiência emocional.

Por vezes, o Espírito Santo pode nos oferecer uma noção profundamente tocante de sua presença ou nos ajudar a superar uma situação particularmente difícil. Mas devemos cuidar para que não desejemos ser cheios dele com base em motivações egoístas. Ele veio para que pudéssemos glorificar a Cristo.

O Espírito Santo veio para esse propósito. [...] Esta é uma das coisas que comprova uma vida cheia do Espírito: Cristo está se tornando mais e mais evidente em minha vida? As pessoas estão vendo mais dele e menos de mim?

Por que precisamos da plenitude do Espírito Santo? Porque apenas no poder do Espírito podemos viver de maneira que glorifique a Deus.

Billy Graham, O Espírito Santo, p. 126-129

Ó precioso Espírito Santo, "vive em mim, Consolador! Enche-me de poder! Chamas de zelo, amor e fé em mim vem acender". Nós te rogamos que assim faças em cada um de nós, não segundo os desejos e conselhos de nosso coração, mas segundo aquilo pelo que tu queres que tenhamos zelo, amor e fé. "Oh, vive em mim Consolador! Vem dominar meu ser, minha vontade sujeitar a Cristo e seu querer." Dá que seja assim por meio de Cristo, nosso Senhor, que reina eternamente contigo e com o Pai. Amém.

Reverendíssimo Frank F. Limehouse III; Edwin Hatch (1835–1889), "Oh, vive em mim, Consolador", da trad. de Werner Kaschel (1922–2010), Hinário

---

PARA REFLETIR: Mt 5.16; **Jo 15.26; 16.14;** At 8.9-25; Rm 7.15-19; **1Co 10.31;** 12.1-26; 2Co 4.1-12; Gl 5.22-23; 2Pe 2.17-22; 1Jo 4.1; Jd 1.10-13

A menos que o Espírito controle nossa vida, seremos dominados por nossa velha natureza pecaminosa

Para saber o que é ser cheio do Espírito Santo, devemos atacar todo e qualquer pecado em nossa vida. [...] Em geral, nossos pecados resultam de orgulho, o qual sofre profundo golpe quando honestamente admitimos, diante de Deus e dos homens, que não somos tão bons quanto pensávamos ser.

Lidar com nossos pecados também é difícil porque, para isso, é necessário que não somente os reconheçamos, mas que nos arrependamos deles. E entre nós há quem abrigue os próprios pecados, recusando-se a abandoná-los.

Não devemos nos satisfazer com uma análise casual de nossa vida. Precisamos confessar não só o que consideramos pecado, mas o que o Espírito Santo diz ser pecaminoso quando ouvimos sua voz mediante a Palavra de Deus. [...] A confissão deve ser tão abrangente quanto o pecado.

BILLY GRAHAM, O ESPÍRITO SANTO, P. 138

Pai celestial, teu Filho nos ensinou que a obra primordial do Espírito Santo é convencer o mundo "do pecado, da justiça e do juízo"; uma vez que nossos pecados nos perseguem todo o tempo, inclusive os que se abrigam na escuridão de nosso coração, faz brilhar em nós a divina luz do Espírito, para que vejamos nossa miséria com mais clareza e sinceramente nos arrependamos "bem junto à cruz de Cristo", onde declaramos "seu amor, amor incomparável" por nós pecadores. Amém.

REVERENDÍSSIMO FRANK F. LIMEHOUSE III; ELIZABETH C. CLEPHANE (1830–1869), "BEM JUNTO À CRUZ DE CRISTO", DA TRAD. DE JOÃO WILSON FAUSTINI (1931–), HINÁRIO; JOÃO 16.8

PARA REFLETIR: Sl 32.5; Pv 28.13; **Jo 16.8-15**; At 19.11-20; Rm 8.1-17; 2Co 5.10; Gl 5.13-24; Ef 4.17—5.12; Tg 5.16; 1Pe 1.1-2; 2.4-12; 1Jo 1.10; 2.1

JOÃO PAULO II
(1920–2005)

Em 5 de outubro de 1995, o papa João Paulo II — cuja vida, segundo o biógrafo George Weigel, foi um "testemunho" da esperança cristã (*Witness to Hope*, p. xix-xxiv) — discursou na Assembleia Geral das Nações Unidas:

> Senhoras e senhores! No limiar de um novo milênio, estamos testemunhando um avanço global extraordinário da busca por liberdade, busca essa que é uma das grandes dinâmicas da história humana. Esse fenômeno não se restringe a nenhuma parte do mundo, nem configura uma expressão cultural específica. Homens e mulheres de todo o planeta têm arriscado a vida em prol da liberdade, mesmo sob ameaça de violência, pedindo o direito de uma vida social, política e econômica que corresponda à sua dignidade como seres humanos livres que são. Esse anseio universal por liberdade é, de fato, uma das marcas distintivas de nosso tempo.
>
> "Discurso de Sua Santidade", seção 2

Nas palavras de João Paulo, há um testemunho indelével da vida de um dos mais notáveis paladinos cristãos da liberdade e da dignidade humana, mártires [do grego *martus*, "testemunha"] e firmes visionários do século 20. Sua incansável luta contra o nazismo e o comunismo totalitaristas, conduzida em nome do Senhor dos senhores que liberta de todo tipo de tirania, deveria constar para sempre dos registros cristãos como bastião do evangelho. Jay Nordlinger, da revista *National Review*, assim sintetizou: "Nunca houve um casamento tão perfeito entre homem e trabalho como no caso de Karol Wojtyla e o papado" ("Pole in Rome").

João Paulo II "influenciou mais vidas, nas mais diversas circunstâncias, que qualquer homem ou mulher de seu tempo". Ele encarnou "aquilo que tanto admiradores quanto críticos reconheceram como genuína nobreza de espírito e de coração na defesa dos direitos humanos, na paixão pela verdade e na abertura para as verdades que outros experimentaram em sua própria vida" (Welgel, *Witness to Hope*, p. xix).

Jesus revelou, sobretudo com seu estilo de vida e com suas ações, como se faz presente o amor no mundo em que vivemos, um amor operante, amor que se dirige ao homem e abraça tudo o que constitui sua humanidade. Tal amor transparece especialmente no contato com o sofrimento, a injustiça e a pobreza; no contato com toda a "condição humana" histórica, que de várias formas manifesta as limitações e a fragilidade, tanto físicas como morais, do homem. Precisamente o modo e o âmbito em que se manifesta o amor são chamados na linguagem bíblica de "misericórdia".

Cristo revela Deus que é Pai, que é "amor" [...]. Revela Deus "rico em misericórdia" [...]. Essa verdade não é apenas tema de ensino; é realidade que Cristo nos tornou presente. Tornar presente o Pai como amor e misericórdia constitui, na consciência do próprio Cristo, ponto fundamental do exercício de sua missão como Messias; confirmam isso as palavras que ele pronunciou, primeiro na sinagoga de Nazaré e, depois, diante de seus discípulos e dos enviados de João Batista.

João Paulo II, *Dives in Misericordia* [Rico em misericórdia], 30 de novembro de 1980, parte 2, seção 3

Deus de misericórdia e amor, teu Filho nunca passou por um miserável, um amargurado, um incapacitado ou um enfermo sem parar para lhe mostrar compaixão e misericórdia, e ele também nos ensinou que todo ser humano é "infeliz, miserável, pobre, cego e nu". Assim, faz que teu povo se alegre na esperança da cura divina e tenha discernimento espiritual para reconhecer que todos nós precisamos dela, agora e na hora de nossa morte e julgamento; por meio desse mesmo Filho, Cristo, nosso Senhor. Amém.

Reverendíssimo Frank F. Limehouse III; Apocalipse 3.17

PARA REFLETIR: Sl 5.7; 13.5; 25.10; 89.14; Is 54.8; 55.7; Mq 6.8; Lc 1.49-55; Rm 11.30-36; **Ef 2.4**; Tt 3.5; Hb 4.16; 1Pe 1.3; 2.10; **1Jo 4.16; Ap 3.17**

O Espírito Santo é quem dá continuidade à sua obra: ele recebe do que é de Cristo e transmite-o a todos, entrando incessantemente na história do mundo por meio do coração humano. É aí que ele se torna [...] verdadeiro "pai dos pobres, distribuidor dos dons e luz dos corações", o "hóspede amável das almas", que a Igreja saúda, sem cessar, no limiar da intimidade de cada pessoa. Pois ele traz "descanso e refrigério" no meio dos esforços, do trabalho dos braços e da mente humana; traz "descanso" e "alívio" nas horas de calor ardente do dia, no meio das preocupações, das lutas e dos perigos de todas as épocas; e traz, por fim, a "consolação", quando o coração humano chora e é tentado pelo desespero.

A Igreja professa sem cessar sua fé: há em nosso mundo criado um Espírito, que é um dom incriado. É o Espírito do Pai e do Filho: como o Pai e o Filho, ele é incriado, ilimitado, eterno, onipotente, Deus e Senhor.

João Paulo II, Dominum et Vivificantem [Senhor e Doador da vida], 18 de maio de 1986, concl., seção 67

Vem, ó Espírito Santo, e adorna-nos com teus variados dons, para que realmente percebamos e exaltemos os grandes feitos de Deus, realizados mediante Jesus Cristo; faz queimar em nós o fogo do teu pleno fervor e consome toda nossa malícia, bem como todos os outros anseios e desejos carnais; acende a luz da tua verdade, a fim de que sirvamos ao nosso Deus ardorosamente em espírito e fé, com sinceridade e zelo. Amém.

"Oração no domingo de Pentecostes", Pequeno tesouro de orações, aplicação 1, nº 12

PARA REFLETIR: Mt 28.16-20; Lc 4.1,18; Jo 1.32-33; 3.5; 14.18-26; 16.12-15; At 2.1-4,17-18; Rm 8.1-27; 1Co 2.14; 6.11; 12.7-13; Gl 5.16-28; Ef 2.18; Hb 9.14

◇◇◇◇◇◇ **120** ◇◇◇◇◇◇

O homem é chamado a uma plenitude de vida que em muito ultrapassa as dimensões de sua existência terrena, porque consiste na participação na própria vida de Deus. A sublimidade dessa vocação sobrenatural revela a grandeza e o valor inestimável da vida humana, mesmo em sua fase temporal. Com efeito, a vida temporal é condição basilar, momento inicial e parte integrante do processo total e unitário da existência humana. É um processo que, para além de toda expectativa e merecimento, é iluminado pela promessa e renovado pelo dom da vida divina, que alcançará sua plena realização na eternidade [...]. Ao mesmo tempo, é precisamente o próprio chamado sobrenatural que sublinha o caráter relativo da vida terrena individual. Afinal, esta vida não é realidade "última", mas "penúltima"; trata-se, em todo o caso, de uma realidade sagrada que nos é confiada para a guardarmos com sentido de responsabilidade e levarmos à perfeição no amor e na dádiva de nós mesmos a Deus e a nossos irmãos e irmãs.

João Paulo II, Evangelium Vitae [O evangelho da vida],
25 de março de 1995, introd., seção 2

Pai celestial, que confiaste à raça humana a "sagrada realidade" da vida na terra, preserva-nos no caminho durante nossa jornada neste mundo e leva-nos ao lugar que nos preparaste; purifica-nos de todo pecado e imundície a que nos vinculamos "no curso da vida terrena" e prepara-nos plenamente para a "esperança da vida eterna" que tu, "aquele que não mente", prometeste "antes dos tempos eternos"; por meio de nosso Senhor e Salvador Jesus Cristo. Amém.

Reverendíssimo Frank F. Limehouse III; "A entrega",
Funeral: rito 1, LOC; Êxodo 23.20; Tito 1.2

PARA REFLETIR: Êx **23.20**; Mc 16.15; Jo 3.16; 10.10; Rm 2.14-15; **Tt 1.2**; 1Jo 3.1-2

Jesus Cristo, Filho do Deus vivo, tornou-se nossa reconciliação com o Pai. Ele somente satisfez o eterno amor do Pai, aquela paternidade que desde o princípio se expressou na criação do mundo, conferindo ao homem toda a riqueza do que foi criado.

Com essa revelação do Pai e efusão do Espírito Santo, que imprimem um selo indelével no mistério da Redenção, explica-se o sentido da cruz e da morte de Cristo. O Deus da criação revela-se como Deus da redenção, como Deus "fiel a si mesmo" e fiel ao seu amor para com o homem e com o mundo, o que já se revelara no dia da criação. Esse seu amor é amor que não retrocede diante de nada daquilo que nele mesmo exige a justiça. Pois "por nossa causa (Deus) fez pecado aquele (o Filho) que não conheceu o pecado". E se "fez pecado" aquele que era absolutamente isento de qualquer pecado, foi para revelar o amor que é sempre maior que tudo o que é criado, o amor que é ele próprio, porque "Deus é amor".

João Paulo II, Redemptor Hominis [O Redentor do homem],
4 de março de 1979, parte 2, seção 9

Eterno Deus de amor, "cujo desejo é que todos sejam salvos", nós, que antes éramos teus inimigos e estávamos longe de ti, de ti separados por nossos "maus pensamentos e ações", agora somos reconciliados contigo "por meio da morte do Filho no corpo físico" e podemos nos apresentar em tua presença "livres de qualquer acusação". Cuida de nós e fortalece-nos, ó Senhor, pois "somos embaixadores de Cristo", cujo apelo tu fazes "por nosso intermédio" para que todos se reconciliem contigo; por meio do mesmo Jesus Cristo, nosso Senhor. Amém.

Reverendíssimo Frank F. Limehouse III; 2Coríntios 5.20;
Colossenses 1.21-22; 1Timóteo 2.4

PARA REFLETIR: **Gn 1.26;** 3.6-13; **Sl 8.6;** Lc 15.11-32; Jo 16.13; Rm 5.11; 8.18-20,29-30; **2Co 5.20-21;** Gl 3.13; Ef 1.7-8; **Cl 1.20-22; 1Ts 5.24;** 1Tm 2.4; 1Jo 4.8,16

Cristo é a chave das Escrituras. [...] Cristo é o centro da economia da salvação, [...] das promessas da Lei e do seu cumprimento no Evangelho; é o elo vivo e eterno entre a Antiga e a Nova Aliança.

Jesus leva a cumprimento os mandamentos de Deus, especialmente o mandamento do amor ao próximo, *interiorizando suas exigências e levando-as ao sentido mais pleno.* O amor ao próximo nasce de *um coração que ama*, e precisamente porque ama está disposto a viver *as mais elevadas exigências.* Jesus mostra que os mandamentos não devem ser entendidos como um limite mínimo a não ultrapassar, mas sim como uma estrada que implica uma jornada moral e espiritual rumo à perfeição, cujo âmago é o amor.

O próprio Jesus é o "cumprimento" vivo da Lei, visto que ele realiza seu significado autêntico com o dom total de si: *ele mesmo se torna Lei viva e pessoal* que convida as pessoas a seguirem-no; mediante o Espírito, ele concede a graça de partilhar sua própria vida e amor.

João Paulo II, Veritatis Splendor [O esplendor da verdade],
6 de agosto de 1993, cap. I, seção 15

Senhor Jesus Cristo, tu viste e experimentaste a pecaminosa insuficiência de todo homem e toda mulher para viver segundo as santas leis de teu Pai, em especial as maiores delas, o amor a Deus e o amor ao próximo como a nós mesmos; por tua amorosa misericórdia, pedimos que coloques tua cruz entre nossos pecados e o julgamento de nossa alma e transformes nosso coração por meio do desejo ardente de seguir a ti, pois és a pessoa mais amável que já existiu. Amém.

Reverendíssimo Frank F. Limehouse III

PARA REFLETIR: Mt 5.17,21-22,27-28; 21.42; **22.34-40;** Lc 24.21-27; Jo 1.43-51; **5.39; 13.34-35;** At 1.16; **Rm 10.4;** 13.8; **Cl 3.14;** Tt 2.14; 1Pe 1.18-23

JOHN R. W. STOTT
(1921–2011)

John Stott, clérigo anglicano, foi um eminente líder do cristianismo evangélico no século 20. Em abril de 2005, a revista *Time* o incluiu em sua lista das cem pessoas mais influentes do mundo (Graham, "Heroes and Icons"). Como alguém sobre quem Cristo tinha "controle completo" (*Cristianismo básico*, p. 128), Stott generosamente colocou a ótima formação que recebeu no Trinity College, em Cambridge, e o privilégio social de que dispunha (seu pai foi um importante médico inglês) a serviço do Redentor e de sua igreja. A proeminência de Stott derivou de sua atuação diplomática em diversos contextos denominacionais e nacionais; de seu exitoso trabalho como reitor (pastor) da All Souls Church, em Langham Place, Londres; de seu empenho na criação da Sociedade Evangélica na Comunidade Anglicana, que ofereceu bolsas de estudos para potenciais líderes oriundos de países em desenvolvimento; da autoria de seus mais de cinquenta livros; de sua influência na formação de estudantes universitários, particularmente em Londres e na série de conferências missionárias em Urbana, Illinois, nos Estados Unidos; da liderança que exerceu no histórico Congresso de Evangelização Mundial de Lausanne, em 1974, no qual chefiou o comitê redator do Pacto de Lausanne; da fundação, também em 1974, do programa Langham Partnership International, em resposta às necessidades de igrejas e pastores de países em desenvolvimento; e do estabelecimento, em 1982, do Instituto de Londres para o Cristianismo Contemporâneo, dedicado a comunicar a fé cristã ao público secular. Billy Graham afirmou que os recursos educacionais oferecidos por Stott a potenciais líderes de países em desenvolvimento contribuíram significativamente para o "crescimento explosivo do cristianismo" nesses países (Graham, "Heroes and Icons").

Tudo começou quando, aos 17 anos, enquanto estudava na Rugby School, Stott ajoelhou-se ao lado de sua cama e "disse a Cristo que havia feito de sua vida uma grande confusão". Ele confessou seus pecados, agradeceu a Cristo por ter morrido em seu favor e lhe pediu que entrasse em sua vida. O Senhor o atendeu, veio "à [sua] casa", "limpou-a" e cuidou dela daquele dia em diante (*Cristianismo básico*, p. 128).

Somente um vislumbre da cruz nos tornará desejosos de negar a nós mesmos e seguir a Cristo. [...] Se tivermos um lampejo da grandeza de seu amor, só nos restará uma linha de ação. Como podemos negar ou rejeitar alguém que nos ama tanto?

Se você sofre de anemia moral, fique longe do cristianismo. Se quer uma vida de confortável autoindulgência, faça qualquer coisa, mas não se torne cristão. Mas se almeja uma vida de autodescoberta, em alegre concordância com a natureza que lhe foi dada por Deus; se quer uma vida de aventuras, na qual tenha o privilégio de servir ao próprio Deus e a seus irmãos; se quer uma vida em que possa expressar um pouco da imensa gratidão que passou a sentir por aquele que morreu em seu lugar [...], eu o incentivo a entregar a vida ao Senhor e Salvador Jesus Cristo.

JOHN R. W. STOTT, CRISTIANISMO BÁSICO, P. 119

Concede, Deus todo-poderoso, que nós, sendo renovados por teu Espírito, não apenas permaneçamos no temor do teu nome mas também avancemos mais e mais e sigamos firmes, para que, armados com teu poder invencível, lutemos incansavelmente contra todas as artimanhas e ataques de Satanás e, assim, levemos nossa batalha até o fim, sustentados por tua misericórdia, na expectativa da vida que nos está reservada no céu; por meio de Jesus Cristo, nosso Senhor. Amém.

JOÃO CALVINO, OSEIAS, CAP. 6, PALESTRA 16, ORAÇÃO

PARA REFLETIR: Mt 10.38; 16.24-25; Mc 8.34; Lc 14.27; Jo 3.14-16; 15.1-17; **Rm 6.1-11**; 1Co 1.18; **Ef 6.10-13**; Fp 2.8; 3.17-21; Hb 12.2; 1Pe 2.24-29; 1Jo 1.3.1

124

Talvez a maior das provas da ressurreição seja a transformação por que passaram os discípulos de Jesus. [...] Podemos notar a mudança neles ocorrida sem que precisemos ser orientados a tal. Em Atos, os homens que figuram nas páginas dos Evangelhos se mostram novos e diferentes. A morte de seu Mestre os deixou desanimados, desiludidos, quase desesperados. Em Atos, porém, eles ressurgem como homens que arriscam a vida pelo nome do Senhor Jesus Cristo e que deixam o mundo de cabeça para baixo.

A ressurreição transformou em coragem o receio de Pedro, e em fé a dúvida de Tiago. [...] A ressurreição tornou o sábado em domingo e os judeus remanescentes na igreja cristã. [...] Transformou Saulo, o fariseu, em Paulo, o apóstolo — o perseguidor fanático em um pregador da própria fé que ele outrora tentara destruir.

John R. W. Stott, *Cristianismo básico*, p. 58-59

Concede, Deus todo-poderoso, que sejamos a tal ponto preservados em obediência a ti pelo ensino de tua Palavra que nunca nos desviemos, nem para a esquerda, nem para a direita, mas continuemos naquela adoração pura, que tu mesmo prescreveste, a fim de que testifiquemos com clareza que és nosso Pai, pois estamos continuamente sob a proteção de teu Filho unigênito, o qual nos enviaste para que fosse nosso Pastor e Comandante até o fim. Amém.

João Calvino, *Oseias*, cap. 4, palestra 11, oração

PARA REFLETIR: Mc 16.1-7; Lc 24.1-27; Jo 6.54; 14.18-31; 21.1-24; At 2.1-42; Rm 1.4; 6.4-5; 8.9-11; 1Co 15.3-4; Ef 1.17-21; Fp 3.7-20; 1Pe 1.3

O evangelho da cruz nunca será uma mensagem popular, pois humilha o orgulho de nosso intelecto e caráter. [...] A cruz é a maneira pela qual Deus satisfaz seu próprio amor e justiça na salvação dos pecadores. Portanto, ela também manifesta seu poder.

Quando olhamos para a cruz, vemos a justiça, o amor, a sabedoria e o poder de Deus. Não é fácil definir o que nela é mais claramente revelado: se a justiça de Deus ao julgar o pecado; se o amor de Deus, que toma para si o juízo em nosso lugar; se a sabedoria de Deus, que combina perfeitamente essas duas coisas; ou se o poder de Deus, que salva quem crê. Pois a cruz é, de igual maneira, um ato e, portanto, uma demonstração da justiça, do amor, da sabedoria e do poder de Deus. Ela nos garante que Deus é a realidade que está por dentro, atrás e além do universo.

John R. W. Stott, A cruz de Cristo, p. 226

Quero estar ao pé da cruz, de onde rica fonte
Corre franca, salutar, do calvário monte.
Sempre a cruz, Jesus, meu Deus, queiras recordar-me;
Dela à sombra, Salvador, queiras abrigar-me.
Junto à cruz, ardendo em fé, sem temor vigio,
Pois à terra santa irei, salvo, além do rio.
Fanny Crosby (1820–1915), "Quero estar ao pé da cruz", da
trad. de Júlio Cesar Ribeiro (1845–1890), Hinário

PARA REFLETIR: Jo 3.16; Rm 1.4,16; 3.26; 5.8,18; 9.22; 16.25; **1Co 1.18-31**; 2.6; 3.19; 4.20; 2Co 6.4-7; 13.4; Ef 1.7-8; Fp 2.8; 1Pe 2.24-25; 1Jo 1.9; 3.16

Para os cristãos, como foi para Cristo, a vida implica conflito. Para os cristãos, como foi para Cristo, ela também implica vitória. Nesse sentido, Jesus deliberadamente traçou um paralelo entre ele mesmo e nós, prometendo o direito de partilhar de seu trono àquele que resistir como ele resistiu.

Contudo, esse paralelo é apenas parcial. Seria absolutamente impossível que lutássemos contra o diabo e o vencêssemos por nossa própria conta. [...] Seria também desnecessário tentar fazê-lo, pois Cristo já o fez. A vitória dos cristãos consiste, portanto, em ingressar na vitória de Cristo e desfrutar seus benefícios. [...] Pelo poder da graça de Deus, nós que partilhamos da ressurreição de Cristo também temos parte em seu trono. Considerando que Deus colocou todas as coisas sob os pés de Jesus, elas estarão sob os nossos também, se estivermos nele.

JOHN R. W. STOTT, *A CRUZ DE CRISTO*, P. 239

Ó meu Senhor e Salvador, em teus braços estou seguro; mantém-me nesse lugar e nada terei a temer; abandona-me e nada terei pelo que esperar. Não sei o que me sobrevirá antes de minha morte. Nada sei sobre o futuro, mas confio em ti. Oro para que me dês o que é bom para mim; oro para que tires de mim o que põe em risco minha salvação. Dá-me conhecer a ti, crer em ti, amar a ti, servir a ti; que eu sempre almeje seguir para tua glória, viver por ti e para ti, ser um bom exemplo para todos à minha volta. Que eu só venha a morrer no tempo e à maneira que mais te glorifiquem e mais bem façam à minha salvação. Amém.

JOHN HENRY NEWMAN, "JESUS, NOSSO GUIA E GUARDIÃO", EM
MEDITAÇÕES E DEVOÇÕES

PARA REFLETIR: Mc 3.27; Jo 14.26; 16.33; **1Co 10.13; 15.57;** 2Co 12.9-10; **Ef 1.20-23; 2.4-6;** 6.13; Cl 2.8-15; 3.12-17; **1Jo 2.13;** 4.4; **Ap 3.21;** 21.6-7

MARTIN LUTHER KING JR.
(1929–1968)

Martin Luther King Jr. consta no rol daqueles que deram a vida para expandir as implicações morais e sociais do trecho bíblico "nem judeu nem gentio, escravo nem livre, homem nem mulher" (Gl 3.28). Hoje, alguns biógrafos seculares tentam minimizar a influência de Jesus no conceito de justiça social adotado por King. Ignoram as palavras do próprio biografado, esvaziando sua alma. Não se pode, por exemplo, compreender sua prática da resistência não violenta, "um corajoso enfrentamento do mal pelo poder do amor" (King Jr., *Stride toward Freedom*, p. 98), sem considerar os evangelhos.

King nasceu no sul dos Estados Unidos durante a era Jim Crow, sistema de organização social instituído depois da Guerra Civil (1861–1865) e marcado por discriminação racial reforçada mediante leis, costumes e práticas religiosas. À época, placas sinalizadoras indicavam em quais estabelecimentos e serviços o acesso era permitido apenas a brancos. Aos negros, vedavam-se igualdade de direito a voto; oportunidades de moradia e educação; acesso a restaurantes, hospedarias, banheiros, meios de transporte e recursos médicos (Woodward, *Strange Career of Jim Crow*). Talvez em nenhum outro lugar as leis de Jim Crow fossem ratificadas com tanto vigor quanto nas igrejas. O objetivo era convencer a todos de que os negros eram, por natureza, aquilo que a legislação e a polícia alegavam: sub-humanos. Havia proibições semelhantes instituídas em localidades fora do sul do país ("List of Jim Crow Law").

Foi contra isso que Martin Luther King Jr. — ministro cristão, sulista e doutor em filosofia pela Universidade de Boston — atuou por meio de resistência não violenta. Ele ansiava "transformar o vozerio dissonante de [sua] nação em uma bela sinfonia fraterna", na qual crianças fossem julgadas "não pela cor de sua pele, mas por seu caráter" (King Jr., "I Have a Dream"). King insistiu que, quando entendemos a graça de Deus como peça-chave das comunidades de reconciliação, não há base bíblica nem teológica para a segregação ou o racismo. Todo ser humano, por ser humano, recebeu o irrevogável selo da graça divina.

O movimento dos direitos civis nos Estados Unidos é um fenômeno singular que deve ser entendido à luz da história do país e considerado em termos da situação nacional. Mas, em outro e importante sentido, o que está acontecendo nos Estados Unidos hoje é parte significativa de um desenvolvimento em nível mundial.

O grave rumor de descontentamento que ouvimos hoje é o estrondo das massas deserdadas, que emergem dos calabouços da opressão para as resplandecentes colinas da liberdade. Em majestoso coro, as massas entoam nossa canção de liberdade: "Ninguém nos fará recuar". Como uma febre que se espalha pelo mundo, a liberdade se propaga no maior movimento de libertação já visto na história. As grandes massas populares estão decididas a acabar com a exploração de sua raça e terra.

Martin Luther King Jr., Daqui, para onde vamos: caos ou comunidade?, p. 169

Deus todo-poderoso, já ouviste o clamor do teu povo e viste suas dificuldades, seu trabalho árduo e sua opressão; então, o libertaste "com mão forte e braço poderoso, com atos temíveis, sinais e maravilhas"; nós te rogamos que também hoje ouças o clamor de aflitos e oprimidos de todo o mundo e os conduzas ao lugar que lhes preparaste, à maior de todas as liberdades: a libertação do pecado, da culpa, da morte e do juízo, por meio de Cristo, que nos torna "livres de fato". Amém.

Reverendíssimo Frank F. Limehouse III;
Deuteronômio 26.7-8; João 8.36

PARA REFLETIR: **Dt 26.7-9;** 2Sm 8.15; Sl 82.3; 89.14; Pv 21.3; Is 9.6-7; Jr 23.5; Ez 45.9; Mt 12.7; 25.1-46; Lc 4.18-19; **Jo 7.24; 8.36;** 1Co 13.6; Tg 4.1-10

128

Os oprimidos não podem permanecer oprimidos para sempre. A ânsia por liberdade cedo ou tarde se manifesta. A Bíblia relata como Moisés se apresentou diante da corte do faraó, séculos atrás, interpelando-o: "Deixe meu povo sair". Esse foi o capítulo introdutório de uma história que se estende até hoje, e que tem como um de seus capítulos mais recentes a batalha que enfrentamos nos Estados Unidos. [...] Algo dentro do negro o fez lembrar que a liberdade é um de seus direitos inatos, e algo fora do negro o fez lembrar que é possível obtê-la.

Um dos grandes riscos na história é que muitos não se mantêm despertos durante períodos de intensa mudança social. Em toda sociedade há quem se dedique a proteger o *status quo* e a coadunar com a indiferença. [...] Hoje, nossa sobrevivência depende de nossa capacidade de nos manter despertos, de nos ajustar às novas ideias e encarar o desafio da mudança. [...] Devemos aprender a viver juntos como irmãos; do contrário, seremos forçados a perecer juntos como loucos.

Martin Luther King Jr., *Daqui, para onde vamos: caos ou comunidade?*, p. 170-171

Ó Deus de toda graça e paz, tu desprezas práticas religiosas desprovidas de paixão pela justiça e não tens nenhum prazer em assembleias solenes cujos motivos sejam outros que não o amor pelo bem e o ódio pelo mal; vem arar o improdutivo solo de nossa consciência e treinar nossos olhos baços a reconhecer-te no estrangeiro, no faminto, no sedento, no doente e no encarcerado. Torna a letargia de nossos desertos um caudaloso amor pela justiça e faz tua retidão fluir em nós como um rio. Amém.

Adaptado de Amós 5.14,21-24; Mateus 25.31-40

PARA REFLETIR: Êx 1.8-14; 3.7-12; Sl 9.9; 91.1-16; 147.1-6; Pv 14.23; Is 40.3-5; 42.1; Jr 5.25-29; 22.13; **Am 5.14,21-24;** Ml 3.5; **Mt 25.31-40;** Lc 4.18-19; **Gl 3.28;** Fp 1.1-25; Tg 2.6

Vim a Birmingham com a esperança de que líderes religiosos brancos percebam como é legítima a nossa causa.

Ouvi vários líderes religiosos sulistas exortarem seus seguidores a aquiescer com a decisão de dessegregar porque assim diz a lei. Mas meu anseio é ouvir ministros brancos declarando: "Sigam esse decreto, pois a integração é moralmente correta e porque o negro é seu irmão". Em meio a injustiças tão flagrantes, vi religiosos brancos colocando-se de lado e proferindo irrelevâncias piedosas e trivialidades hipócritas. Em meio a intensa luta para livrar nossa nação da injustiça racial e econômica, ouvi muitos ministros dizerem: "Isso são questões sociais que, na verdade, não dizem respeito ao evangelho". [...] Vi muitas igrejas se comprometerem com uma religião "de outro mundo" que estabelece uma estranha e antibíblica distinção entre corpo e alma, entre o sagrado e o secular.

MARTIN LUTHER KING JR., "CARTA DA PRISÃO DE BIRMINGHAM", EM
POR QUE NÃO PODEMOS ESPERAR, P. 90

Deus eterno e todo-poderoso, "de um só homem" fizeste os povos da terra e nos ensinaste que todo homem ou mulher, irmão ou irmã, que por fé pertença a Cristo é verdadeiro filho de Abraão e herdeiro dele conforme a tua promessa. Nós te rogamos que nos livres de toda e qualquer ideia tola e pecaminosa segundo a qual tu consideras algumas pessoas e raças superiores a outras. Assim pedimos em nome de Jesus Cristo, que morreu pelos pecados de toda a humanidade. Amém.

REVERENDÍSSIMO FRANK F. LIMEHOUSE III; ATOS 17.26;
GÁLATAS 3.29

PARA REFLETIR: Sl 55.21; 101.7; Mt 7.21-23; 15.7-9; Mc 7.6-8; Lc 12.2; Jo 2.2; **At 17.26**; Rm 2.1-5,17-19; **Gl 3.29**; Tt 1.5-11; Tg 1.22-25; 2.14-26; 1Pe 2.16; 1Jo 2.9

Viajei por todo o Alabama, pelo Mississípi e por outros estados do sul. Em sufocantes dias de verão e frescas manhãs de outono, vislumbrei as belas igrejas dessa região, com suas torres altas apontando para o céu. Contemplei o notável desenho de seus sólidos edifícios destinados ao ensino religioso. E vez após vez me perguntei: "Que tipo de gente adora aqui? Quem é o Deus deles?".

Profundamente desapontado, chorei a frouxidão da igreja; contudo, garanto que minhas lágrimas brotaram do amor. Onde não há amor, não há desapontamento. Sim, eu amo a igreja. Como poderia ser diferente? Sou filho, neto e bisneto de pregadores. Sim, considero a igreja o corpo de Cristo. Mas, ah, como manchamos e ferimos esse corpo com a nossa negligência e o medo de que nos chamem dissidentes!

MARTIN LUTHER KING JR., "CARTA DA PRISÃO DE BIRMINGHAM", EM *POR QUE NÃO PODEMOS ESPERAR*, P. 90-91

Deus todo-poderoso, que nos criaste à tua imagem, concede-nos graça destemida para combater o mal e não nos conformar com a opressão; ajuda-nos a usar nossa liberdade de modo reverente para a manutenção da justiça em nossas comunidades e entre as nações, para a glória do teu santo nome, por meio de Jesus Cristo, nosso Senhor, que vive e reina contigo e com o Espírito Santo, um só Deus, agora e para sempre. Amém.

"PELA JUSTIÇA SOCIAL", COLETAS: CONTEMPORÂNEAS, LOC

PARA REFLETIR: 1Sm 16.7; Is 1.-11-15; Jr 5.30-31; 7.21-26; 50.6; Am 5.11-15, 21-24; Mt 23.27-28; Tg 1.27; 1Pe 2.1-25; 1Jo 3.17-18; Ap 3.1-6

DESMOND TUTU
(1931–)

No livro de Ester, Mardoqueu pergunta à sobrinha: "Quem sabe não foi justamente para uma ocasião como esta que você chegou à posição de rainha?" (Et 4.13). Essas palavras se aplicam também ao reverendo Desmond Tutu, a quem Deus reservou tarefas remidoras significativas em circunstâncias históricas bastante críticas, especialmente durante o fim do *apartheid* na África do Sul.

Desmond Tutu nasceu em Klerksdorp, na antiga província de Transvaal, e foi criado sob o regime do *apartheid*, que comprometeu todos os aspectos da sociedade sul-africana. Em 1954, graduou-se na Universidade da África do Sul. Depois de lecionar por três anos a alunos de ensino médio, começou a estudar teologia, preparando-se para atuar como ministro cristão. Foi ordenado padre anglicano em 1960. De 1962 a 1966, prosseguiu com os estudos teológicos na Inglaterra, onde obteve o grau de mestre. De volta para a África do Sul, lecionou teologia entre 1967 e 1972, para em seguida retornar a Londres durante três anos na condição de diretor assistente de um instituto teológico. Em 1975, transpôs uma importante barreira racial ao assumir o decanato da Catedral de Santa Maria, em Johannesburgo. Foi bispo do Lesoto entre 1976 e 1978, ano em que se tornou o primeiro negro a ocupar o cargo de secretário geral do Conselho de Igrejas Sul-Africanas. Em 1985, Tutu iniciou seu ministério como primeiro bispo negro de Johannesburgo, e um ano depois foi escolhido como arcebispo da Igreja Anglicana Sul-Africana na Cidade do Cabo. Em 1987, tornou-se presidente da Conferência das Igrejas de Toda a África, posição em que se manteve até 1997. Em grande medida por razão de seu empenho para pôr fim ao *apartheid* em seu país, Tutu recebeu o Prêmio Nobel da Paz em 1984.

Em 1996, o presidente Nelson Mandela delegou a Desmond Tutu a liderança da Comissão de Verdade e Reconciliação, um esforço sem precedentes no sentido de restaurar uma nação profundamente marcada por um legado de opressão racial.

(Um dos mais marcantes relatos de reconciliação registrados no século 20 diz respeito ao fim do regime de segregação racial sul-africano. O *apartheid* começou a ruir no início da década de 1990, processo que culminou, em 1994, com a formação de um governo democrático na África do Sul. Tal cenário motivou a extraordinária atuação da Comissão de Verdade e Reconciliação, cujos dirigentes incluíam Desmond Tutu.)

Nelson Mandela alcançou, na prisão, uma envergadura tal que deixou muita gente preocupada com a possibilidade de ele, um verdadeiro santo, emergir do cárcere com meros "pés de barro" e, assim, decepcionar quem o venerava.

Mas o Sr. de Klerk [presidente sul-africano de 1989 a 1994] não encontrou uma pessoa vingativa, firmemente decidida a retribuir os brancos na mesma moeda. [...] Ele encontrou um homem majestosamente digno, com generosidade exuberante e o desejo de dedicar a própria vida à reconciliação daqueles então separados não só pelo *apartheid*, mas pela injustiça e pela dor inerentes ao racismo. Nelson Mandela não deixou a prisão cuspindo palavras de ódio e vingança. Aliás, ele nos surpreendeu ao mostrar-se um heroico exemplo de reconciliação e perdão. [...] Ele emergiu da cadeia como uma pessoa plena. [...] Os anos em que esteve aprisionado foram como fogo que o tornou em aço. [...] Pode ser que, sem a experiência de tamanho sofrimento, ele se tornasse alguém menos compassivo e magnânimo do que viria a ser.

DESMOND TUTU, *NÃO HÁ FUTURO SEM PERDÃO*, P. 38-39

Senhor Deus, teu Filho ordenou que perdoemos como fomos perdoados; porém, com coração obstinado, consideramos a obediência a esse mandamento praticamente impossível. Dá-nos um novo coração, como fizeste com Nelson Mandela, e assim glorificaremos ao teu Filho. Amém.

REVERENDÍSSIMO FRANK F. LIMEHOUSE III

PARA REFLETIR: Gn 45.4-8; **Et 4.14;** Pv 15.18; Ez 36.26; **Mt** 5.7; **6.15;** 7.1-29; 18.21-35; Ef 4.31-32; Fp 4.8; 1Pe 3.9

(Para o desalento de alguns, Desmond Tutu, o alegre ministro cristão, andou lado a lado com pessoas ligadas a outras expressões de fé enquanto batalhava por justiça e liberdade, e o fez sem diminuir sua confiança em Jesus Cristo.)

Nós, cristãos, devemos proclamar honesta e sinceramente a verdade de nossa fé e, sem comprometê-la, reafirmar de maneira cortês e inequívoca nossa crença em que, no fim das contas, todas as aspirações e alegações religiosas se cumprem em Jesus Cristo. Mas devemos garantir às outras pessoas o mesmo direito de recomendar sua fé, na esperança de que o cristianismo, com seu supremo apelo e sua autenticidade cabal, se encarregue, ele mesmo, de atraí-las. Então, ao ver o impacto do cristianismo no caráter e na vida de seus adeptos, os não cristãos desejarão abraçá-lo, assim como outrora os pagãos eram atraídos à igreja não tanto pelo que era pregado ali, mas sobretudo pelo que viam na vida dos cristãos primitivos, e o que viam os fazia exclamar: "Como esses cristãos se amam!".

DESMOND TUTU, *DEUS NÃO É CRISTÃO*, P. 17-18

Pai celeste, o inequívoco testemunho do Novo Testamento é que tu nos deste vida eterna, e essa vida está em teu Filho, pois "quem tem o Filho tem a vida", e quem não tem o Filho não a tem. Fortalece-nos, ó Senhor, para que em todo tempo nos firmemos em nossa fé, mas sempre em humildade e respeito, sem esnobismo ou presunção, a fim de que os que não conhecem a ti se admirem de nós e digam: "Como esses cristãos se amam!"; por meio do Autor do amor, Cristo, nosso Senhor. Amém.

REVERENDÍSSIMO FRANK F. LIMEHOUSE III; 1João 5.11-12

PARA REFLETIR: Mt 5.14-16; Jo 8.12; 10.1-42; 13.35; Rm 1.16; 2Co 4.6; Gl 5.22-23; Cl 3.12; 4.2-6; 2Tm 1.8-12; 2.24; Hb 1.4-14; **1Jo 5.11-12**

Em nossa cosmovisão africana, temos algo a que chamamos de *ubuntu*. [...] É um termo bastante difícil de traduzir, mas podemos parafraseá-lo assim: "Somente por meio de outras pessoas é que nos tornamos pessoa". É preciso estar com outros seres humanos para aprender como ser humano. [...] Para nós, falar em ser humano solitário configura uma contradição terminológica.

O conceito de *ubuntu* trata de como minha humanidade está inextricavelmente vinculada à sua. Isso implica dizer: "Sou porque pertenço" [...]. O ser humano autossuficiente é sub-humano. Só posso ser eu mesmo se você for inteiramente você. Sou porque você é, pois somos feitos para a unidade, para compor uma família. Somos complementares; existimos para formar uma intrincada rede de relações, de interdependência com nossos irmãos humanos e com o restante da criação.

Ubuntu mostra como pessoas são mais importantes que coisas, lucro ou bens materiais.

Desmond Tutu, Deus não é cristão, p. 21-22

Deus todo-poderoso e Pai todo-misericordioso, tu nos deste um novo mandamento, a saber, que amássemos uns aos outros; então, dá-nos graça para que possamos cumpri-lo. Faz de nós pessoas gentis, respeitosas e tolerantes. Guia nossa vida para que enxerguemos o bem nas palavras e atitudes dos outros. E santifica nossas amizades com as bênçãos do teu Espírito, em nome daquele que nos amou e se entregou por nós, Jesus Cristo, nosso Senhor. Amém.

"Pelo amor dos homens", em Orações: compiladas e adaptadas de fontes antigas e modernas, p. 31-32

PARA REFLETIR: Lv 19.9-18; Sl 133.1-3; Ec 4.9-12; Ez 34.1-31; Sf 7.9-10; At 4.32-35; **Rm 1.5;** 12.3-13; Ef 4.2-6; Fp 2.3-16; Cl 3.13; 1Ts 5.14

Deus sempre teve a intenção de que vivêssemos em comunhão e harmonia. Esse era o cerne da vida no Éden, onde não havia derramamento de sangue, nem mesmo para sacrifícios religiosos. O leão e o cordeiro brincavam juntos. [...] Então, a harmonia primordial pretendida por Deus para a criação foi abalada, e toda a criação foi infectada por uma ruptura radical.

Os crentes dizem que grande parcela da história humana pode ser descrita como uma busca por recuperar a harmonia, a comunhão e a paz para as quais fomos criados. A Bíblia apresenta essa história como uma campanha para que Deus restabeleça aquela harmonia primordial; nessa ocasião, o leão novamente se juntará ao cordeiro e eles não conhecerão mais a guerra, pois as espadas terão sido transformadas em arados e as lanças, em foices.

A intenção divina era trazer todas as coisas, nos céus e na terra, à unidade em Cristo.

DESMOND TUTU, *NÃO HÁ FUTURO SEM PERDÃO*, P. 263-265

Querido Pai celestial, no princípio tu criaste teus filhos para que vivessem nesta terra em perfeita paz contigo, uns com os outros e com todos os seres; em decorrência do pecado, caímos de tua graça e vivemos em inimizade contigo, uns com os outros e com todos os seres. Nós te louvamos, ó Senhor, pois nos revelaste tua "vontade secreta", o plano de, no devido tempo, reunires "sob a autoridade de Cristo tudo que existe nos céus e na terra". "Vem, Senhor Jesus." Amém.

REVERENDÍSSIMO FRANK F. LIMEHOUSE III; EFÉSIOS 1.9-10;
APOCALIPSE 22.20

PARA REFLETIR: Gn 3.1-24; 4.1-16; 6.1-22; **Is 2.4;** Jr 29.11; **Mq 4.3;** Mt 15.19; Rm 3.23; 5.12-14; 6.23; 1Co 2.14; **Ef 1.3-10;** 1Jo 3.2-3; **Ap** 21.1-27; **22.20**

HENRY NOUWEN
(1932–1996)

Nascido em Nijkerk, na Holanda, Henri Nouwen, o "pastor dos pastores", foi o primogênito de quatro filhos. Desde bem pequeno, desejou tornar-se padre católico romano. Foi ordenado em 1957, depois de se formar no seminário de Rijsenburg. Embora seu arcebispo pretendesse vê-lo estender os estudos na Universidade Gregoriana de Roma, Nouwen decidiu estudar psicologia na Universidade Católica de Nijmegen (1957–1964). Durante as férias, trabalhava em minas e também como capelão no exército e em navios de cruzeiro.

No período de 1964 a 1966, Nouwen contribuiu com programas de apoio religioso e psiquiátrico na Clínica Menninger, em Topeka, nos Estados Unidos. Ali, tomou conhecimento da atuação de Martin Luther King Jr., pelo que tomou parte nas célebres marchas de Selma a Montgomery, organizadas por ativistas dos direitos civis dos negros.

Entre 1966 e 1968, trabalhou como professor visitante de psicologia na Universidade de Notre-Dame, no estado de Indiana, e por insistência dos alunos também deu aulas de psicologia pastoral. Em 1968, voltou para a Holanda, onde prosseguiu com a carreira acadêmica e revelou-se um escritor de estilo intimista e vulnerável. Lecionou teologia pastoral na Yale Divinity School de 1971 até 1981, período esse pontuado por retiros sabáticos, produção escrita e atividade docente cada vez mais intensa. Em 1983, foi nomeado professor de divindade na Harvard Divinity School, cargo que ocupou em expediente de meio-período. Durante a temporada que passou em Harvard, Nouwen envolveu-se profunda e conscienciosamente com a teologia da libertação sul-americana. Seu período em Harvard foi ao mesmo tempo prolífico e insatisfatório. Em 1986, depois de uma estada na comunidade L'Arche de amparo a deficientes intelectuais em Trosly-Breuil, na França, Nouwen juntou-se à L'Arche Daybreak em Toronto, onde morou e trabalhou com internos e alguns auxiliares até 1996, quando veio a falecer. O impacto libertador que a experiência em Daybreak teve na vida de Nouwen é relatado em sua obra *A volta do filho pródigo*.

Uma das estratégias do diabo é fazer-nos considerar a oração uma atividade primordialmente mental que mobiliza sobretudo nossa capacidade intelectual. Isso reduz a oração a uma conversa com Deus ou a um pensamento acerca dele.

Para muitos de nós, orar não é nada mais que bater um papo com Deus. E, visto que costuma se parecer mais com uma relação unilateral, a oração não passa de um mero falar a Deus. Isso é suficiente para produzir grande frustração. [...] Quando a impressão crescente é a de que estou falando no escuro, não surpreende que eu logo comece a suspeitar que meu diálogo com Deus seja, de fato, um monólogo.

O motivo de nossa vida de oração estar em crise é que nossa mente pode estar ocupada com ideias sobre Deus, enquanto nosso coração permanece longe dele. A verdadeira oração vem do coração.

Henry Nouwen, O caminho do coração, p. 72-75

Ó Senhor, nosso Pai celestial, Deus eterno e todo-poderoso, em quem "vivemos, nos movemos e existimos", sedentos de ti nós ofegamos como a corça que vaga na aridez do deserto ansiando pelo fresco riacho. Ouve-nos enquanto oramos com coração jubiloso em louvor e ação de graças, pois tu nos alegras e nos dás tudo de que necessitamos para viver; por meio de Jesus Cristo, nosso Senhor e Salvador. Amém.

Reverendíssimo Frank F. Limehouse III; Atos 17.28

PARA REFLETIR: Sl 42.1-11; 63.1-11; 91.1-16; 145.18-19; Is 26.3; Mt 6.1-34; Lc 6.27-28; **At 17.28;** Rm 8.26; Ef 6.18; Fp 4.6-7; 1Tm 2.8; 1Pe 5.8

A oração que vem do coração não nos permite restringir nossa relação com Deus a palavras interessantes e emoções piedosas. Por natureza, essa oração volta todo o nosso ser na direção de Cristo precisamente porque nos abre os olhos da alma para a verdade de quem somos e de quem Deus é. Em nosso coração, reconhecemo-nos como pecadores abraçados pela misericórdia divina, e é essa compreensão que nos faz clamar: "Senhor Jesus Cristo, Filho do Deus Vivo, tem misericórdia de mim, pois sou pecador". A oração do coração nos desafia a não ocultar nada de Deus e a render incondicionalmente à misericórdia dele todo o nosso ser.

Portanto, a oração do coração é a oração da verdade. Ela desmascara as muitas ilusões que abrigamos acerca de nós mesmos e de Deus; ela abre espaço para o verdadeiro relacionamento entre o pecador e o Deus de misericórdia.

Henry Nouwen, O caminho do coração, p. 78-79

Ó Pai misericordioso, tu nos ensinaste que a fé sem obras é morta, bem como são mortas obras que não resultem da fé. Nós, frágeis pecadores, estamos lamentavelmente distantes daquilo que esperas do discipulado cristão; contudo, de modo admirável tu nos tomas de volta vez após vez, e como a criança que retorna correndo para o colo sempre disponível da mãe amorosa, assim nós corremos para ti. Aumenta nossa fé para que encontremos a força necessária para trilhar a árdua jornada do discipulado, não para conquistar teu amor, mas para mostrar nosso amor e gratidão por tua misericórdia e graça, por meio de Jesus Cristo, nosso Senhor e Salvador. Amém.

Reverendíssimo Frank F. Limehouse III

PARA REFLETIR: Sl 37.7; 96.5; **139.1;** Jr 16.17; 23.24; Mt 16.24-26; Mc 14.36; Jo 17.17; Rm 10.9-10; Ef 1.13-14; Hb 4.13; **Tg** 1.18; **2.14-26;** 5.16; **2Pe 1.4;** 1Jo 1.9

Mas o que dizer do pai do filho pródigo? Por que nos concentramos tanto nos filhos se é o pai quem está no centro da situação e é com ele que devemos nos identificar? Por que debater sobre a semelhança com os filhos se a verdadeira questão é: "Você tem interesse em ser como esse pai?". De certo modo, é agradável poder dizer: "Esses filhos são parecidos comigo". [...] Mas como será poder afirmar "Eu me pareço com o pai"? Acaso quero me parecer com ele? Quero estar não só no lugar daquele que é perdoado, mas também no daquele que perdoa? Quero ser não apenas o que é recebido de volta, mas também aquele que dá as boas-vindas? Não somente o que é alvo de compaixão, mas também aquele que a oferece?

O retorno ao Pai é, em última instância, o desafio de se tornar o Pai.

Henry Nouwen, A volta do filho pródigo, p. 122-123

Ó eterno e encarnado Filho de Deus Pai, Mediador da nossa salvação, tu nos deste um novo mandamento: que amássemos e perdoássemos uns aos outros como tu nos amaste e perdoaste. Coloca em nós um coração semelhante ao teu, para que nos tornemos verdadeiros filhos de nosso Pai celestial, que se deleita em amor inabalável, não retém sua ira para sempre e faz o sol nascer sobre os bons e os maus. Amém.

Adaptado de "Pela paz", Orações por graças variadas, em Coletas antigas e outras orações, p. 80

PARA REFLETIR: Is 55.7; Dn 9.9; Mq 7.18-20; **Mt 5.43-48**; 6.12-15; 18.21-22; **Lc 6.27,36**; **15.11-32**; 17.3-4; 23.34; **Jo 13.34**; Rm 8.17; Gl 6.1; Cl 2.13; 3.13

138

O que está em debate é a pergunta: "A quem pertenço: a Deus ou ao mundo?".

Enquanto fujo da indagação "Você me ama? Você realmente me ama?", dou carta branca para as vozes do mundo e me coloco sob servidão, pois o mundo é cheio de "se". Ele diz: "Sim, eu o amo *se* você for bonito, inteligente e rico. Eu o amo *se* você for bem-relacionado, tiver boa formação acadêmica e bom emprego". [...] São incontáveis os "se" implícitos no amor oferecido pelo mundo, e eles me escravizam, pois não consigo responder apropriadamente a todos. [...] Se continuar procurando a mim mesmo neste mundo de amor condicional, eu me manterei "viciado" nele. [...] E, por oferecer algo que é incapaz de satisfazer o anseio mais profundo do meu coração, este é um mundo que induz ao vício.

Henry Nouwen, *A VOLTA DO FILHO PRÓDIGO*, P. 42

Ó Príncipe da Vida, Senhor Jesus Cristo, Libertador dos cativos, nós te prestamos louvor diante do teu poder e glória, pois triunfaste sobre a morte e o inferno, sobre os teus inimigos e os nossos. Aumenta em nós a compreensão de que morremos contigo para as forças escravizantes que regem este mundo. Por teu Espírito, capacita-nos a manifestar tua liberdade em tudo o que somos e temos. Concede-nos, ó Deus — Pai, Filho e Espírito Santo —, as muitas riquezas da tua graça. Amém.

Adaptado de Tersteegen (1731), "Oração para o domingo de Páscoa", em *Orações da coleção do finado Barão Bunsen*, P. 119-120

PARA REFLETIR: Dt 7.7-8; Jr 31.3; Mt 5.43-48; Lc 6.27; 15.20-22; Jo 3.16-17; Rm 5.8; 8.35; 1Co 13.1-13; Ef 2.8; 3.14-19; **Cl 2.20;** Tt 3.4-5; 1Jo 3.16; 4.7-11

WALTER BRUEGGEMANN
(1933–)

Entre as palavras que podem descrever Walter Brueggemann — intelectual, pregador, poeta, profeta, crítico —, nenhuma é mais apropriada que a expressão "homem de igreja". Sua obra extensa e pioneira como estudioso do Antigo Testamento parece mirar o chamado para que a igreja pratique aquilo que as Escrituras e o Senhor apresentam e têm como propósito. Nenhum acadêmico contemporâneo se dedicou a cumprir esse chamado de maneira mais fiel e criativa quanto Brueggemann. Durante décadas, ministros cristãos das mais diversas denominações buscaram nele recursos indispensáveis para seu sacerdócio. Mais que informativa, a leitura de suas obras — especialmente a de sua prosa intrigante — inspira amor pelas Escrituras e pelas possibilidades e responsabilidades associadas ao evangelho de Jesus Cristo. "Nenhum comentarista bíblico é mais consistentemente provocativo, interessante, desafiador e imaginativo que Walter Brueggemann" (Nation, citado em "About Walter Brueggemann").

Brueggemann é professor emérito de Antigo Testamento no Columbia Theological Seminary em Decatur, na Geórgia, Estados Unidos. Nascido em Tilden, no estado de Nebraska, e filho de um pastor evangélico alemão, ele afirma que sua teologia tem raízes no pietismo germânico. Ordenado ao ministério na Igreja Unida de Cristo e tido como calvinista "moderado", considera querelas doutrinárias pouco interessantes (Henning, "A Conversation with Walter Brueggemann").

Graduado no Elmhurst College e no Eden Theological Seminary, em 1961 Brueggemann concluiu o doutorado em teologia no Union Theological Seminary, onde foi aluno de James Muilenburg, acadêmico renomado que se tornou conhecido por apresentar o Antigo Testamento como uma narrativa dramática. Mais tarde, Brueggemann obteve o grau de doutor em educação pela Universidade de St. Louis. Um de seus atributos é a incrível capacidade de abordar as Escrituras hebraicas como um texto pertencente tanto aos judeus quanto aos cristãos, mostrando como elas se relacionam com o Novo Testamento e com a proclamação cristã. No capítulo final de sua *Introdução ao Antigo Testamento*, Brueggemann esclarece de que maneira o estudo crítico das Escrituras pode contribuir para que elas sejam entendidas como texto canônico.

Quando os cristãos dizem que a Bíblia foi "inspirada", isso implica que o próprio objetivo de Deus, sua vontade e sua presença foram "soprados" no texto bíblico. E a essa alegação não está necessariamente associada a noção literal de um "ditado direto" realizado pelo Espírito divino; "inspirada" é uma maneira simples de dizer que todo o processo tradicionalizante dá continuidade e expressão a uma representação ampliada da realidade, à luz da santidade de Javé. Por meio dessa manifestação, que se interrompe e recomeça mediante a imaginação e a ideologia humanas — mas nunca é domesticada por nenhuma delas —, recebemos uma "revelação" do segredo da vida do mundo e da vida de Deus no mundo. E, nós, como igreja, ousamos dizer com lábios trêmulos: "A Palavra do Senhor [...] Graças sejam dadas a Deus", pois é assim que a entendemos.

WALTER BRUEGGEMANN, *Introdução ao Antigo Testamento*, p. 10-11

Mestre querido, tuas muitas bênçãos e dons encheram meu coração até que ele transbordou de gratidão e louvor. A ti sejam dados louvor e graças; tu me levaste da morte para a vida e me fizeste regozijar em tua comunhão e amor. Estar assentado aos teus pés é incomparavelmente melhor que ocupar o mais alto trono da terra. Por tua graça, aceita-me e usa-me para tua glória, onde e como quiseres. Pois tu és meu, e eu sou teu; tiraste-me do pó, fizeste-me à tua imagem e deste-me o direito de tornar-me teu filho. Amém.

SADHU SUNDAR SINGH, ADAPTADO DE "ORAÇÃO",

EM *Aos pés do Mestre*

PARA REFLETIR: Js 1.8-9; Sl 119.11; Mt 4.4; Lc 2.32; Jo 6.35; 8.23,28; 1Co 15.1-58; Cl 1.15-20; 2Tm 3.16-17; Hb 4.12; 2Pe 1.1-2; Ap 22.18-19

◇◇◇◇◇◇◇ **140** ◇◇◇◇◇◇◇

O cânone é uma dádiva divina que promove a revelação do próprio Deus. [...] A autorrevelação é uma questão pessoal e interpessoal que não pode ser completamente reduzida a nenhuma fórmula exata. [...] Devemos reconhecê-la mediante esclarecimento que reflita com precisão a vontade de Javé, embora esse esclarecimento seja sempre elusivo, visto que o Deus em quem cremos permanece um mistério até mesmo quando autorrevelado.

A Bíblia não fornece nenhuma certeza rasa como as que se podem encontrar na sociedade moderna e tecnológica. A Bíblia fornece a autenticidade de Javé, uma autenticidade insistente, rigorosa e transformadora; portanto, o estudo bíblico é uma empreitada que põe a vida em risco e também a transforma. Essa particular autenticidade divina não é ofertada de modo simplório, mas só quando vivemos junto daquele que é evidenciado pelas Escrituras e a ele respondemos. A Bíblia não é algo que se visita abruptamente; ela requer que a habitemos e a observemos, em uma presença permeada de inocência confiante e uma observação pautada na consciência crítica.

WALTER BRUEGGEMANN, *INTRODUÇÃO AO ANTIGO TESTAMENTO*, P. 402

Ó Senhor, misericordioso para com todos, remove os pecados que há em mim e, com tua misericórdia, acende em meu interior o fogo do Espírito Santo. Tira de mim o coração de pedra e dá-me um coração de carne, para que eu te ame e te adore, para que eu me deleite em ti, para que eu te siga e desfrute tua companhia, em nome do Cristo. Amém.

AMBRÓSIO DE MILÃO (C. 340–397), ORAÇÃO CITADA EM E. A. KEMP, "A EXCELÊNCIA DA DEVOÇÃO", P. 11

PARA REFLETIR: Êx 4.13-17; 20.1-6; Is 6.1-5; 40.17-23; Ez 43.1-12; Mt 16.17; Jo 1.9-18; 3.3-15; 8.48-58; 11.21-27; 14.1-7; **Rm 12.2; Ef 3.1-6;** Hb 1.1-4; Ap 1.12-16; 4.1-11

O Deus da Bíblia é o que há de mais estranho na Bíblia. Na história da religião, não há nenhum outro como o Deus bíblico. [...] Isso é algo difícil de compreender. Por isso, as pessoas que, na Bíblia, se relacionaram com Deus sempre buscaram interagir com o Eu Divino do modo como interagiam com outras noções de Deus. E, em todas as épocas, incluindo a nossa, somos tentados a encaixar Deus em categorias, como se ele pertencesse a um grupo homogêneo de agentes.

Contudo, Deus não é como nenhum outro, e sua estranheza reside justamente nisso. Deus está *com* as pessoas e *para* as pessoas. Sua bondade não corresponde a um imenso poder transcendental, a um distanciamento sublime ou a uma severidade elevada, mas à prontidão para estar junto das pessoas e a favor delas. [...] Essa companhia e essa disponibilidade nada têm a ver com troca de favores, artimanha ou intimidação. Deus simplesmente quer ser assim.

Walter Brueggemann, A Bíblia faz sentido, p. 35

Bendiga o Senhor, ó minha alma, e tudo o que há em mim bendiga o seu santo nome. Bendiga o Senhor, ó minha alma, e não se esqueça de nenhum dos benefícios que ele lhe deu. Ó Deus de toda graça, que eu possa adorar-te com toda a aptidão da minha alma; que eu possa agradecer-te devidamente por toda manifestação de tua misericórdia. Meu Deus, minha Força, ilumina minha mente e acende a devoção em meu coração; por meio de Jesus Cristo, que vive e reina contigo e com o Espírito Santo, um só Deus eterno. Amém.

Adaptado de Agostinho (354–430), bispo de Hipona,
"louvor a Deus", em Orações da coleção do finado Barão
Bunsen, p. 147-148

PARA REFLETIR: Js 1.9; **Sl** 23.1-6; 73.23-28; **103.1-2**; 139.7-10; Is 40.9-14; 41.10; 43.1-3; 49-13; Mt 1.18-25; 28.16-20; Jo 1.1-18; 10.11; 14.16-17, 25-29; Rm 8.38-39

A partir dos relatos do nascimento de Jesus, podemos entender melhor seu ministério, pois este consistiu em cumprir o que se anunciou quando de sua vinda ao mundo. O ministério de Jesus é o foco dos evangelhos, sobretudo de Mateus, Marcos e Lucas, que se voltam primordialmente para o que Jesus realiza, e não para quem ele é. Só se pode saber quem Jesus é com base no que ele faz. E o que ele faz é estar conosco e agir em nosso favor. Ele dá poder ao fraco e desanimado. Ele alimenta quem está desesperadamente faminto. Ele leva cura a lugares onde a enfermidade parece imperar. Ele leva vida aonde só se pode prever morte. [...] Ele foi o principal meio pelo qual Deus mostrou quem era: "embora fosse rico, por amor [...] se fez pobre"; sendo pleno, esvaziou-se por nós; o Deus vivo que, fielmente, entregou-se à morte.

WALTER BRUEGGEMANN, *A BÍBLIA FAZ SENTIDO*, P. 42

Ó Filho de Deus, Jesus Cristo de toda graça e de todo amor, a ti sejam o louvor e as ações de graças por tua encarnação e nascimento e por teu grande amor e misericórdia em tomar sobre ti nossa carne e nosso sangue. Tu te tornaste nosso Irmão, elevando-nos à condição de filhos do Pai celeste e herdeiros contigo. Em ti são benditas todas as nações da terra, pois em ti o Pai estabeleceu eterna aliança de comunhão e amor. Amém.

ADAPTADO DE JOHANN ARNDT (1555–1621), "A ENCARNAÇÃO DE NOSSO SENHOR", EM *ORAÇÕES DA COLEÇÃO DO FINADO BARÃO BUNSEN*, P. 155-156

PARA REFLETIR: Mt 1.18—2.6; 5.1-12; Lc 1.46-55; 2.1-20; 4.14-21; 5.1-24; 8.22-33; 13.10-20; Jo 10.11; 2Co 8.9; Gl 3.6-9; Fp 2.6-11

A autoridade de Jesus, seu poder transformador, se revelou em sua pobreza e fome e na angústia que sofreu diante da morte de seu povo. Em sua pobreza, ele conquistou poder para fazer que muitos fossem ricos. [...] Em sua fome, tornou-se capaz de alimentar os outros. Em sua angústia, alcançou poder para dar às pessoas alegria e plenitude. Por ser quem era, teve autoridade para garantir o futuro de quem o seguia.

Esse modo de discernir o poder soberano da graciosa compaixão de Jesus nos remete de imediato à sua *ressurreição*, propulsora definitiva desse novo futuro. Tudo o que restou da dor da sexta-feira foi o desespero do sábado, e os discípulos não tinham motivo nenhum para esperar pelo domingo. [...] A ressurreição só pode ser recebida, ratificada e celebrada como ato inédito de Deus cujo propósito é criar novos futuros para as pessoas e maravilhá-las em meio ao desespero.

WALTER BRUEGGEMANN, *A IMAGINAÇÃO PROFÉTICA*, P. 106-107

Ó Senhor poderoso, verdadeiro Deus e verdadeiro homem, que não consideraste "que ser igual a Deus" fosse algo a que devesses te apegar, mas esvaziaste a ti mesmo e assumiste "a posição de escravo", tu rompeste as portas do túmulo na manhã de Páscoa. Triunfante, mostraste a bandeira da tua ressurreição e abriste diante de nós os átrios celestiais. Tu nos amaste e, por teu sangue, nos libertaste de nossos pecados, fazendo de nós um reino de sacerdotes de teu Pai, a quem seja a glória, assim como a ti e ao Espírito Santo. Amém.

ADAPTADO DE "PÁSCOA", ORAÇÕES PARA DATAS SAGRADAS, EM *COLETAS ANTIGAS E OUTRAS ORAÇÕES*, P. 54; FILIPENSES 2.6-7

PARA REFLETIR: Lc 23.50-56; **24.21**,36-43; Jo 20.11-23; At 2.1-47; Rm 6.4; 8.11; **2Co 8.9**; Ef 1.15-23; 2.1-11; **Fp 2.5-11**; 3.20-21; Hb 13.20-21; 1Pe 1.3

A pregação da igreja pode apropriar-se das lembranças da boa e velha hinologia, como "Descansando no poder de Deus", "Graça excelsa" e "Necessitado". Esses hinos são meditações acerca do sangue sacrificial do próprio Deus, que liberta o mundo e põe fim à maldade. Ao mesmo tempo, a pregação da igreja deve incorporar o grande clamor missional de hinos como "Onde os caminhos da vida se encontram", "Não há em Cristo norte ou sul", "Somos um no Espírito, somos um no Senhor". [...] Combinadas, as afirmações do primeiro grupo de canções e a esperança instilada pelo segundo grupo abrem possibilidade para uma nova vida. Que as pregações sejam tão conservadoras quanto possível com referência ao Deus que se entrega e acaba com toda malignidade. Que o pregador seja tão ousado quanto possível no que diz respeito à restituição da família em toda escravização e exploração que praticamos.

WALTER BRUEGGEMANN, *ENFIM VEM O POETA*, P. 39

Ó Deus, grande em poder e insondável em entendimento, maravilhoso conselheiro de teus filhos, enche com o dom e o poder do teu Santo Espírito todos os que pregam o evangelho de Jesus Cristo, que proclamam salvação às nações, para que, livres de qualquer temor, eles tornem conhecido o mistério do evangelho, para tua glória, ó Pai, Filho e Espírito Santo, um só Deus para sempre. Amém.

ADAPTADO DE "PELOS SACERDOTES", ORAÇÕES PARA USO DO CLERO, EM *COLETAS ANTIGAS E OUTRAS ORAÇÕES*, P. 177

PARA REFLETIR: 1Cr 16.24; Sl 96.1-13; **Is 52.7;** Jn 1.1—4.11; Mt 28.19-20; Mc 16.15; Lc 4.16-30; At 1.8; 13.47; Rm 3.24-25; 5.9; **Ef 6.19;** 1Pe 1.18-19

A doxologia nos livra do eu e nos move na direção de Deus. Afirmamos a soberania criadora de Deus e, ao reconhecer o Criador, percebemos a criação sob um novo viés. Assim o salmista compreende nossa adoração como parte do grande louvor expresso por toda a criação: "Louvem-no, sol e lua! Louvem-no todas as estrelas brilhantes!" (Sl 148.3).

Quando cantamos, nossa face se volta totalmente para o trono. Sabemos quem nos acompanha em louvor e, embora não cantemos sozinhos, todos somos atraídos pelo trono. [...] Nosso próximo canta conosco, e nós com ele. Uma vez que nos voltamos para o trono, as diferenças, as divergências, as ameaças e os pavores que hoje experimentamos não parecem tão absolutos, pois todos entoamos o mesmo cântico para o único Soberano.

WALTER BRUEGGEMANN, ENFIM VEM O POETA, P. 69-70

Toda a glória seja àquele que nos ama e nos libertou de nossos pecados por meio de seu sangue, fazendo de nós um reino de sacerdotes para Deus, seu Pai. Toda a glória seja àquele que é poderoso para guardar-nos de cair e para levar-nos, com grande alegria e sem defeito, à sua presença gloriosa. Toda glória seja àquele que é o único Deus, nosso Salvador por meio de Jesus Cristo, nosso Senhor. Glória, majestade, poder e autoridade lhe pertencem desde antes de todos os tempos, agora e para sempre. Amém.

ADAPTADO DE JUDAS 1.24-25; APOCALIPSE 1.5B-6

PARA REFLETIR: Êx 20.2-6; 1Cr 16.23-31; **Sl 29.1-11**; 100.1-5; **148.1-4,7-10**; Rm 11.33-36; Ef 3.20-21; 1Tm 1.17; Hb 13.20-21; **Jd 1.24-25**; **Ap 1.5b-6**; 4.8-11; 14.7

FRANCISCO
(1936–)

"Eu prefiro uma Igreja contundida, ferida e cheia de pó por ter saído pelas estradas a uma Igreja enferma pelo confinamento e a comodidade de se apegar à própria segurança" (*Evangelii Gaudium*, cap. 1, parte 5, seção 49). Isso foi o que, em exortação apostólica de novembro de 2013, Jorge Mario Bergoglio, hoje papa Francisco, comunicou à Igreja Católica Romana e ao mundo sobre o que poderiam esperar de sua liderança espiritual. Em 13 de março de 2013, aos 76 anos, ele se tornou o primeiro papa originário do continente americano e também o primeiro jesuíta eleito para o pontificado. Adotou de imediato o nome Francisco, indicando ao mundo que seu espírito e ministério seriam inspirados na ordem de Francisco de Assis (1181/82–1226). Observadores comentaram que, depois de ser eleito, o novo papa, em vez de enviar um portador, foi pessoalmente pagar a conta da pensão onde estivera hospedado. Em sua primeira exortação apostólica, Francisco convocou a igreja a retomar e manifestar a alegria do evangelho como sua marca mais proeminente. Ele convidou os fiéis para "um novo capítulo de evangelização" marcado pela "alegria do evangelho", que "enche o coração e a vida dos que se encontram com Jesus" (*Evangelii Gaudium*, introd., seção 1).

Depois de três anos e meio de papado, Francisco ainda pregava a mesma mensagem à igreja. Em 14 de agosto de 2016, um domingo, durante o ângelus semanal proferido na Praça de São Pedro, ele disse ao público: "A Igreja não necessita de burocratas, nem de funcionários diligentes, mas de missionários apaixonados, consumidos pelo ardor de anunciar a todos as palavras consoladoras de Cristo" (McKenna, "Pope Francis Treats Homeless").

Nascido em Buenos Aires, Francisco começou a se preparar para o sacerdócio no Seminário Diocesano de Villa Devoto, na capital argentina. Em março de 1958, iniciou o noviciado na Companhia de Jesus. Bergoglio estudou teologia no Colégio de San José (1967–1970), foi ordenado padre em 1969 e, em 1986, conquistou o título de doutor em teologia em Freiburg, na Alemanha. Antes de ser eleito papa, serviu como arcebispo de Buenos Aires (1998–2013) e cardeal da Igreja Católica Romana da Argentina (2001–2013). Entre 2005 e 2011, presidiu a Conferência Episcopal Argentina.

A fé nasce do encontro com o Deus vivo, que nos chama e revela seu amor, um amor que nos precede e sobre o qual podemos apoiar-nos para construir solidamente a vida. Transformados por esse amor, obtemos novos olhos, uma visão renovada, e nos damos conta de que há no amor uma grande promessa de plenitude e que se abre à nossa frente uma visão do futuro. A fé, que recebemos de Deus como dom sobrenatural, torna-se luz para o caminho, orientando nossos passos no tempo. Por um lado, provém do passado, a luz da memória basilar da vida de Jesus, luz que manifestou seu amor plenamente confiável, capaz de vencer a morte. [...] Por outro lado, a fé é luz que vem do futuro, que abre diante de nós horizontes vastos e nos leva a ultrapassar nosso "eu" isolado, na direção da amplitude de comunhão.

FRANCISCO, *LUMEN FIDEI* [A LUZ DA FÉ], 28 DE JUNHO DE 2013, INTROD., SEÇÃO 4

Pelo dom da fé, ó Deus, tu curaste nossas feridas mediante as chagas do teu Filho unigênito. Que faremos agora que fomos comprados por tão alto preço? Como serviremos a esse Senhor, pelo qual recebemos a promessa de liberdade e a oferta de herança? Opera em nós, ó Deus, conforme o teu querer, para que sejamos plenamente possuídos por ti, Vida nossa, enquanto habitas em nós mediante o Espírito prometido. Amém.

ADAPTADO DE "PELA CONVERSÃO DA VONTADE A DEUS", ORAÇÕES POR GRAÇAS VARIADAS, EM *COLETAS ANTIGAS E OUTRAS ORAÇÕES*, P. 72

PARA REFLETIR: Pv 3.5-6; Hc 2.4; Mt 15.25-28; Jo 3.36; 5.24; Rm 1.17; 5.1-5; 10.8-11,17; 2Co 5.6-10; Gl 2.16; Ef 2.8-9; Hb 11.1—13.25; 1Pe 1.21

◇◇◇◇◇◇ **147** ◇◇◇◇◇◇

Convido todos os cristãos, em qualquer lugar e situação, a renovar neste momento o encontro pessoal com Jesus Cristo, ou pelo menos a deixar-se encontrar por ele; eu peço que o façam a cada dia, sem cessar. Não há motivo para pensar que este convite não lhes diz respeito, pois "da alegria trazida pelo Senhor ninguém é excluído". O Senhor não decepciona quem assume esse risco; sempre que damos um passo em direção a Jesus, descobrimos que ele já nos aguardava de braços abertos. Este é o momento para dizer a Jesus: "Senhor, deixei-me enganar; de mil maneiras fugi do teu amor, mas aqui estou novamente, para renovar minha aliança contigo. Preciso de ti. Resgata-me mais uma vez, Senhor; aceita-me novamente em teus braços redentores".

FRANCIS, EVANGELII GAUDIUM [A ALEGRIA DO EVANGELHO], 24 DE
NOVEMBRO DE 2013, INTROD., PARTE 1, SEÇÃO 3

Pai celestial, cuja onipotência, compaixão e amor sacrificial excedem a compreensão humana, concede a nós, afogados e desamparados em um mar de pecado, miséria e morte, um coração fiel que clame a ti em meio à necessidade e que reconhece teu poder salvador; por meio de Jesus Cristo, nosso Senhor, que reina e vive contigo e com o Espírito Santo, agora e para sempre. Amém.

REVERENDÍSSIMO FRANK F. LIMEHOUSE III

PARA REFLETIR: Sl 51.10-12; Is 40.31; Jr 31.31-34; Mt 13.34; Jo 7.37-39; 15.11; Rm 5.5; 13.10-11; 14.7; Gl 5.22; Cl 3.10-12; 2Tm 1.6; Ap 3.15-22

LUKE TIMOTHY JOHNSON
(1943–)

Luke Timothy Johnson, ex-monge beneditino e hoje professor de Novo Testamento e de origens cristãs na Emory University, é um ótimo exemplo do êxito do programa de estudos bíblicos promovido pela Igreja Católica Romana e iniciado durante o papado de Pio XII (1876–1957). O florescimento católico vem abençoando generosa e igualmente tanto católicos quanto ortodoxos e protestantes.

Em 30 de setembro de 1943, Pio XII expediu a carta encíclica *Divino Afflante Spiritu* [Inspirados pelo Espírito Divino], que trata da "maneira mais apropriada de promover os estudos bíblicos". Conhecida como a Carta Magna dos estudos bíblicos católicos, a encíclica, intitulada *Providentissimus Deus* [Deus de toda providência], foi publicada pelo papa em comemoração ao cinquentenário de uma carta expedida por Leão XIII em 18 de novembro de 1893. De forma moderada, a encíclica de Leão XIII abriu caminho para que recursos acadêmicos modernos fossem usados no estudo das Escrituras; até então, a teologia e o ensino católico oficial haviam se mostrado fortemente receosos e apreensivos quanto a novos métodos de estudo bíblico. Embora tenham enfrentado dura oposição até o início do Concílio Vaticano II (1962–1965), Leão XIII e Pio XII, que tinham em seu histórico uma ousada dedicação aos estudos bíblicos, e o próprio Concílio — sobretudo pela publicação do documento *Dei Verbum* [A Palavra de Deus], no qual se expõe a fé eclesiástica na revelação de Deus à humanidade na Bíblia — impulsionaram uma mudança de guarda que resultou no atual florescimento dos estudos bíblicos católicos. Hoje, com seus colegas protestantes, estudiosos católicos romanos como Luke Johnson estão à frente do serviço acadêmico voltado para o testemunho e para a missão da igreja.

A obra de Johnson *Escritos do Novo Testamento* é, hoje, uma das mais refinadas introduções ao Novo Testamento como Escritura Sagrada. Johnson estabelece uma noção doxológica de que o encontro dos autores neotestamentários com "o Sagrado" no Cristo ressurreto serve de catalisador do Novo Testamento. Em 2011, Johnson recebeu o prestigiado prêmio Louisville Grawemeyer de religião por seu livro *Entre os gentios: Religião greco-romana e cristianismo*.

Quando o testemunho do Novo Testamento é tomado na totalidade, pode-se detectar uma profunda coerência. [...] O "Jesus verdadeiro" é o poderoso e ressurreto Senhor cujo Espírito transformador atua na comunidade. Mas seguir a Jesus não tem a ver com um tipo de poder que subjuga os outros, nem com o aspecto "já instituído" do reino de Deus. [...] Na verdade, tem a ver com transformação conforme o padrão revelado pelo Messias. Assim, o "Jesus verdadeiro" é também aquele por meio do qual o Espírito reproduz na vida dos que creem a fiel obediência a Deus e o serviço amoroso às pessoas. [...] Em todos esses escritos, a imagem de Jesus envolve o tenso paradoxo entre morte e ressurreição, sofrimento e glória.

O discipulado não consiste em criticar a sociedade sob uma perspectiva contracultural. Também não consiste em operar milagres arrebatadores. [...] O padrão de sofrimento obediente e serviço amoroso é que é a norma.

LUKE TIMOTHY JOHNSON, *O JESUS VERDADEIRO*, P. 166

Deus eterno e todo-poderoso, que adornas o sagrado corpo de tua igreja com as confissões dos santos mártires, pedimos que nos dês as doutrinas e o fiel exemplo desses irmãos de fé autêntica, "muito mais preciosa que o simples ouro". Que a nossa fé seja provada e refinada a fim de que resulte em tua glória e honra, na revelação de Jesus Cristo. Por tua misericórdia, aumenta nossa fé e sempre fortalece nosso discipulado, pelo poder do Espírito Santo. Amém.

ADAPTADO DE "DIA DOS SANTOS", ORAÇÕES PARA DATAS SAGRADAS, EM *COLETAS ANTIGAS E OUTRAS ORAÇÕES*, P. 68-69; 1PEDRO 1.7

PARA REFLETIR: Mt 5.10; 28.16-20; Jo 7.27-44; 10.27-30; 14.1-7,12-17; 16.12-15; 17.17-19; At 1.1-11; 2.1-4; Rm 1.1-5; 8.1-8; 15.19; 1Co 4.8; Fp 1.27—2.3; **1Pe 1.7**; 4.12-19

Desde o início, o cristianismo está arraigado na afirmação paradoxal de que um ser humano executado como criminoso é a fonte do Espírito de Deus, que transforma e dá vida. Desde o início, essa "boa-nova" tem sido reputada como estupidez pelos sábios do mundo. O cristianismo nunca foi capaz de "provar" essa afirmação senão apelando para as experiências e convicções daqueles que já haviam sido por ele convencidos. A única comprovação real de que Cristo é aquilo que o credo alega ser — isto é, luz da luz, Deus verdadeiro de Deus verdadeiro — deve ser manifesta na vida daqueles que assim confessam.

Somente quando os cristãos e suas comunidades manifestam uma vida transformada segundo o padrão de fiel obediência e serviço amoroso expresso por Jesus é que a afirmação de que vivem pelo Espírito de Cristo tem validade. As alegações do evangelho só podem ser legitimadas pelo discipulado cristão autêntico.

Luke Timothy Johnson, O Jesus verdadeiro, p. 168

Deus eterno e todo-poderoso, que acendes a chama do teu amor no coração dos santos, dá-nos a mesma fé e o mesmo poder manifesto no amor desses homens e mulheres, a fim de que sigamos seu exemplo e que nossas boas obras brilhem "para que todos as vejam" e louvem a ti, Pai celeste. Que, alegres pelo testemunho desses irmãos, possamos também produzir "muitos frutos", por meio de nosso Senhor e Salvador Jesus Cristo. Amém.

Adaptado de "Dia dos santos", Orações para datas sagradas, em Coletas antigas e outras orações, p. 69; Mateus 5.16; João 15.8

PARA REFLETIR: Is 9.6; **Mt** 1.18; **5.14-16;** Lc 1.26-38; **Jo** 1.1-18; 8.48-59; **15.8;** Rm 1.4; 1Co 1.18-30; Fp 1.27-30; 4.4-9; 1Tm 3.16; 1Jo 1.1-2; Ap 1.4-8,12-16

150

[Todo o Novo Testamento] deve ser mantido vivo se a igreja de fato anseia manter-se viva em qualquer tempo e lugar. Em tempos de reforma, a voz de Paulo pode se mostrar mais pertinente; em tempos de lassidão moral, a de Tiago ou a de Mateus. Em períodos de perseguição, o Apocalipse é lido de maneiras bastante diferentes daquelas em períodos de calmaria. Em tempos de alienação, 1Pedro revela um novo e rico sentido. [...] Diante da corrupção moral, Judas de pronto parece bem adequado. Frente ao ceticismo racionalista, 2Pedro se torna surpreendentemente contemporâneo. E isso não é uma questão temporal apenas. A igreja é universal e existe em contextos muito distintos. [...] Aqui, ela pode ser próspera e bem conceituada; ali, perseguida e miserável. Em um lugar, pode carecer de voz profética; em outro, do conforto da promessa.

Luke Timothy Johnson, Escritos do Novo Testamento, p. 608-609

É bom manter-nos firmes a toda a tua Palavra, ó Senhor. Que, pela inspiração do Espírito Santo, ouçamos na Bíblia a tua voz, sem limitá-la ou negligenciá-la. Confirma, em nossas ações, que "toda a Escritura é inspirada por Deus e útil para nos ensinar o que é verdadeiro e para nos fazer perceber o que não está em ordem em nossa vida", pois "ela nos corrige quando erramos e nos ensina a fazer o que é certo". Que não falhemos em ouvir tua voz nem a obedecer a ela, a fim de que a esperança que nos une a ti não seja comprometida; por meio de Jesus Cristo, nosso Senhor. Amém.

Adaptado de "Pela esperança", Orações por graças variadas,
em Coletas antigas e outras orações, p. 76; 2 Timóteo 3.16

PARA REFLETIR: Js 1.8; Sl 19.7-11; Mt 16.16-18; Jo 5.39; Rm 15.4; **1Co 2.16;** Ef 1.15-23; 3.7-21; 4.1-6; Cl 1.24; **2Tm 3.16-17;** Hb 12.8-24; Tg 1.23-25

O cristianismo não é uma religião de iluminação mística. Jesus não é reverenciado como um sábio que se uniu ao divino e, então, mostrou às pessoas como alcançá-lo. [...] A experiência cristã mais elementar não é testemunhada quando vemos outros experimentarem o que Jesus experimentou. [...] O cristianismo começa quando os cristãos vivenciam, de maneira totalmente nova, o Jesus morto e ressurreto. A experiência dos primeiros cristãos consistia em encontrar no Outro o Jesus ressuscitado. *O cristianismo nasce quando há fé na ressurreição.*

A certeza de que Jesus vive e atua poderosamente na comunidade que nele crê é pressuposição implícita, e por vezes explícita, de todos os textos do Novo Testamento. O Jesus dos evangelhos não é mera personagem do passado. [...] Ele é o Deus vivo confessado e experimentado pela comunidade e cujas palavras alcançam os crentes de hoje. Ele é uma presença viva e atuante.

LUKE TIMOTHY JOHNSON, ESCRITOS DO NOVO TESTAMENTO,
P. 109-110, 117

Confirma, ó Senhor, o coração de teu povo, tua igreja, e fortalece-o na certeza de tua ressurreição, pois não só a recebemos como nela nos firmamos e somos salvos. Em um mundo que rejeita o evangelho por considerá-lo tolice, nós nos alegramos, ó Cristo, em confessar que és o Filho de Deus em santidade e poder, segundo o Santo Espírito, mediante tua ressurreição dos mortos. Toda glória seja ao único Deus, Pai, Filho e Espírito Santo. Amém.

ADAPTADO DE "PELO AMOR", ORAÇÕES POR GRAÇAS VARIADAS, EM
COLETAS ANTIGAS E OUTRAS ORAÇÕES, P. 77

PARA REFLETIR: Mt 28.9-20; Mc 16.9-20; Lc 24.13-49; Jo 20.11-21,23; At 2.17-21,32-33,38; 1Co 2.12; 15.1-58; 2Co 12.1-5; Gl 1.15-16; 3.3-5; 4.6; 1Ts 1.9-10; 4.14; Tt 3.5

N. T. WRIGHT
(1948–)

Possivelmente em nenhum outro momento da história do cristianismo a igreja se beneficiou de estudos bíblicos tão excepcionais quanto os de hoje. De maneira honesta e criativa, acadêmicos contemporâneos lançam mão de antigos e novos recursos a serviço da fé vivida pela igreja; tal habilidade contribui para uma poderosa proclamação do evangelho, incentiva trabalhos missionários, aperfeiçoa o discipulado e fortalece a igreja contra críticos que desprezam as Escrituras. O clérigo anglicano e prolífico acadêmico N. T. Wright é um dos principais representantes dessa onda de erudição que se propaga entre os crentes. A exposição que Wright faz da vida de Cristo em *Os desafios de Jesus* não apenas dá ao leitor cristão informações sobre Jesus como personagem da Palestina do primeiro século, mas também esclarece por que a igreja tem confessado historicamente que Jesus é o Cristo, Senhor de todos, por que ela deve fazer essa confissão e por que exaltamos Jesus como Deus encarnado.

Arrebatado pelo amor divino desde a infância, Nicholas Thomas Wright foi bispo de Durham, na Inglaterra e hoje lidera os estudos sobre Novo Testamento e cristianismo primitivo na Universidade de St. Andrews, na Escócia. Durante vinte anos, Wright conduziu estudos acerca do Novo Testamento nas Universidades de Cambridge, McGill e Oxford. É bastante requisitado como palestrante e porta-voz da fé cristã ortodoxa, o que é comprovado por suas participações em programas de televisão e rádio como *Nightline*, *Dateline*, *The Colbert Report* e *Fresh Air*. Os diversos livros que escreveu vão de temas eruditos (p. ex., *Jesus e a vitória de Deus*, 1996) a pastorais (p. ex., *Eu creio. E Agora?*, 2010).

Wright se destacou por defender uma "nova perspectiva sobre Paulo", isto é, uma vívida e controversa revisão do tradicional entendimento luterano e reformado acerca do ensino desse apóstolo quanto à relação entre lei, graça, fé e justificação.

As solenes e frequentes advertências de Jesus quanto ao destino de Jerusalém, de modo mais geral, e do templo, em particular, fizeram que as pessoas questionassem não apenas quem ele pensava que era para pronunciar tais juízos, mas também o que ele achava que Javé colocaria no lugar do templo. [...] A resposta de Jesus deveria ser óbvia. Javé não construiria um novo prédio no lugar do antigo; ele substituiria todo o sistema por uma nova comunidade formada precisamente por Jesus e seus discípulos.

Tudo isso significava — em sentido carregado de relevância encarnacional — que, vindo Jesus a Jerusalém, era certo que ele e o templo seriam contrapostos. [...] Não era possível haver dois lugares, duas maneiras mediante as quais Deus habitasse entre seu povo, com amor perdoador e restaurador, alcançando o mundo, como sempre fora seu propósito.

Jesus agia como sendo a personificação do *shekinah*, a presença de Javé tabernaculando com seu povo.

N. T. Wright, Os desafios de Jesus, p. 112-114

Ó amável e eterno Filho de Deus Pai, ressurreto e eterno Verbo e Poder de Deus, sem o qual nada existe, por meio do qual são todas as coisas, que é Deus conosco e sobre todos nós; tua paixão é nosso livramento; tua morte, nossa vida; tua cruz, nossa redenção; tuas feridas, nossa cura. Que, crucificados contigo e mediante teu favor, sejamos levados às alturas até o Pai e alcancemos a graça da ressurreição, por meio do próprio Jesus Cristo, nosso Senhor. Amém.

Adaptado de "Tempo da Paixão", Orações para datas sagradas, em Coletas antigas e outras orações, p. 43-44

PARA REFLETIR: Mt 12.1-8; 21.23-27; 23.37; Mc 14.53-65; Lc 19.41; 22.66-71; Jo 2.1-22; 5.1-47; At 2.14-36; 1Co 3.16; 6.19; 2Co 6.16; Cl 2.9; Hb 10.19-20

◇◇◇◇◇◇◇ **153** ◇◇◇◇◇◇◇

A vida, a obra e os ensinamentos de Jesus não remetiam apenas a uma nova e atemporal compreensão sobre Deus. Jesus não veio para oferecer um novo padrão ou mesmo um novo grau de espiritualidade. A profundidade espiritual e o renovo vêm como parte de um pacote maior, que está relacionado à libertação das garras do mal, ao retorno do exílio, à suficiência de pão, ao reino de Deus estabelecido na terra como é no céu. Trata-se do conjunto do Advento. Jesus assumiu um enorme risco ao afirmar que essas coisas aconteceriam por meio de sua obra, e todas elas estão contidas na palavra "Pai".

Para Jesus, aquela era uma grande aposta na fé e em sua vocação. Significava deixar a segurança do lar, da família e do emprego em razão de o Pai tê-lo chamado para um novo propósito. [...] Ele, o carpinteiro, foi convocado a tomar sobre si o madeiro e os pregos a fim de cumprir o legítimo êxodo, a definitiva derrota do mal.

N. T. WRIGHT, *O SENHOR E SUA ORAÇÃO*, P. 17-18

Suplicamos a ti, ó Senhor, que incites nosso coração a preparar o caminho para o teu Filho unigênito, para que, por seu advento, tenhamos condições de servir-te com a mente purificada. Tu dispersarás "os orgulhosos e os arrogantes"; derrubarás "príncipes de seus tronos" e exaltarás os humildes; encherás "de coisas boas os famintos" e despedirás os ricos "de mãos vazias"; ajudarás teu servo Israel e te lembrarás "de ser misericordioso"; por meio de Jesus Cristo, nosso Senhor. Amém.

ADAPTADO DE "ADVENTO", ORAÇÕES PARA DATAS SAGRADAS, EM
COLETAS ANTIGAS E OUTRAS ORAÇÕES, P. 16; LUCAS 1.51-54

PARA REFLETIR: Is 40.3-5; 42.1-4; 52.7; 53.1-12; Ez 37.1-14; Mt 6.9-13;
Mc 4.3; 5.2; **Lc 1.32-33,46-55**; 22.39-46; Jo 1.1-18; 4.31-38; 6.35-40;
Fp 2.5-11; Hb 5.1-9

No jardim do Getsêmani, Jesus chamou Deus de "Pai" mais uma vez. No Evangelho de João, ele recorre à imagem do pai e do filho para explicar o que estava realizando. Naquela sociedade, o filho é aprendiz do pai, cujo ofício aprende por observação; quando tem algum problema, o filho busca saber como o pai lida com aquilo. É isso o que Jesus faz no Getsêmani. "Pai, este é o caminho certo? Preciso mesmo tomar deste cálice?" [...] O que vemos no Getsêmani é o filho aprendiz certificando-se de como o pai age. Qual é o projeto com o qual Pai e Filho estão comprometidos? Nada menos que o novo êxodo: resgatar Israel e todo o mundo da maldade, da injustiça, do medo e do pecado. [...] Jesus, assim como nós, foi aprendendo o que de fato significava chamar Deus de "Pai".

N. T. Wright, *O Senhor e sua oração*, p. 18

Ó Sagrada Aliança! Ó Santo Testamento! Precioso Senhor Jesus, como poderemos render-te adoração e graças suficientes? Obediente Filho do Pai, verdadeiro Deus e verdadeiro Homem, por tuas amargas aflições glorificaste ao Pai, assim como o Pai glorificou a ti; por tua paixão e ressurreição, conduziste à glória muitos filhos e filhas. Agora, mediante o Espírito Santo prometido, revela em nós a sabedoria e o discernimento do plano secreto do Pai: unir em ti tudo o que há nos céus e na terra. Amém.

Adaptado de Quirsfeld (1642–1686), "Sobre a instituição da Ceia do Senhor", em *Orações da coleção do finado Barão Bunsen*, p. 113-114

PARA REFLETIR: Mt 6.9-13; Lc 11.2-4; Jo 1.16-18; 5.1-27,30-37; 6.31-39,53-63; 8.44-59; 10.14-18,36-38; 12.27-36b; 13.1-5; 15.1-17; 16.7-11; **17.4;** Ef 1.9-10

155

A adoração nunca termina. Prédios desmoronam; pessoas reunidas em assembleias adormecem; orçamentos resultam em nada. Nossas construções se destinam ao tempo atual, nossas discussões se referem ao tempo atual e gastamos com coisas ligadas ao tempo atual; mas, na era vindoura, o tempo atual terá sido abolido. Hoje vemos a beleza de Deus por meio de uma lente obscura, mas então o veremos face a face; agora o apreciamos em parte, mas então o conheceremos e apreciaremos como ele é, assim como o Deus vivo nos conheceu e nos apreciou. Portanto, agora devemos adorar, evangelizar e conduzir, e a maior dessas tarefas é a adoração.

A adoração nada mais é que o amor ajoelhado diante do amado, assim como a evangelização é o amor prostrado a serviço do amado.

N. T. Wright, Por que Deus importa, p. 9

Ó Senhor, nosso Deus, grande, eterno e maravilhoso em glória, que estabeleces e manténs a aliança, Criador e Redentor, Auxílio de todos que correm para ti, Esperança de todos que clamam por ti, nós te adoramos. "Santo, santo, santo é o Senhor dos Exércitos; toda a terra está cheia de sua glória!" Perdoa nossos desvios e repreende nossa desatenção; por tua graça, capacita-nos a nos apresentarmos como sacrifício vivo, santo e agradável a ti, e que esta seja nossa verdadeira e alegre adoração. Em nome do Pai, do Filho e do Espírito Santo. Amém.

Adaptado de Orações introdutórias, em Coletas antigas e outras orações, p. 2; Isaías 6.3

PARA REFLETIR: Êx 15.2; 1Cr 16.29; Sl 24.3-6; 29.2; 95.1-6; 96.9; **Is 6.3;** 40.21-23,28-31; Hc 2.18-20; Mt 4.10; **Rm 12.1;** Hb 12.28; 13.15; Ap 4.11; 15.3-4

Se a epístola a Filemom fosse o único fragmento que nos evidenciasse algo acerca do cristianismo primitivo, concluiríamos que algo bastante notável teria acontecido, algo que mudou radicalmente o modo como as pessoas viam a si mesmas, como viam umas às outras e como viam o mundo.

Há outras cartas da antiguidade que falam de escravos fugitivos, e em geral elas adotam um tom paternalista e condescendente: o escravo quase não é tido como humano. A epístola de Paulo, por sua vez, inspira algo totalmente distinto. Paulo e Filemom são irmãos em Cristo. Paulo e Onésimo são irmãos em Cristo. Paulo se coloca entre eles de forma a acolher e unir um e outro, senhor e escravo.

A origem disso é evidente: essa postura vem do Calvário, onde o mais famoso prisioneiro de Pôncio Pilatos estendeu o braço para acolher judeus e gregos, escravos e livres, homens e mulheres; mais que isso, para acolher e reconciliar Deus e a humanidade, o Criador e seus servos fugidios, o Criador e o mundo a ele insubordinado.

N. T. Wright, Por que Deus importa, p. 52

Ó Filho do Deus vivo, Redentor vitorioso, Libertador dos cativos, nós adoramos a ti. Derrotaste os poderes e desfizeste as barreiras que outrora separavam homens e mulheres de ti, deles mesmos e uns dos outros. És o glorioso Autor da nova criação, o verdadeiro Pão da Vida oferecido a todos que vivem com a alma abatida, a consciência culpada e o espírito sedento. Como Anfitrião celestial, convidas todos os filhos de Adão ao teu banquete. Por tua graça, recebe-nos na vida eterna juntamente com o Pai e o Espírito Santo, único Deus para sempre. Amém.

ADAPTADO DE AGOSTINHO (354–430), BISPO DE HIPONA, "COLETA PARA O DOMINGO DE PÁSCOA", EM ORAÇÕES DA COLEÇÃO DO FINADO BARÃO BUNSEN, p. 118

PARA REFLETIR: Sf 3.17; Jo 3.16-21; At 10.34-35; Rm 2.9-11; 3.21-26; 5.1-19; 10.11-13; Gl 3.26-29; Ef 2.4-5; Fp 1.1-25; 1Tm 2.3-4; Tg 2.9; 2Pe 3.9

Nós, cristãos ocidentais, nos desviamos ao discutir sobre a ressurreição. Apegamo-nos aos fatos materiais do que aconteceu e, quando o assunto é o *significado* da ressurreição, nos mostramos vazios. Falamos sobre nossa própria vida depois da morte, mas a ressurreição significa muito mais que isso. A ressurreição não afirma apenas que Jesus vive hoje, que posso ter um relacionamento pessoal com ele; ela não revela simplesmente que há uma vida após a morte. A ressurreição diz que há um *mundo novo*, uma nova criação, um novo jeito de ser. [...] Deus criou um caminho em meio à morte e atravessou até o outro lado. Nesse processo, o mundo tal como o conhecemos — este mundo onde se veem belas cenas de alvorecer e também crianças violentadas — está sendo conduzido à morte e atravessando a sepultura rumo a uma nova vida.

N. T. WRIGHT, *A COROA E O FOGO*, P. 63

Ó exaltado Príncipe da Vida, Primogênito dentre os mortos, Plenitude do Deus encarnado, Senhor Jesus Cristo, Criador da primeira criatura, no dia da tua ressurreição, o primeiro dia da nova criação, nós te adoramos por teu poder e glória. Exaltado, desarmastes "os governantes e as autoridades espirituais" e os envergonhaste publicamente "ao vencê-los na cruz", tornando-te, assim, a Cabeça do corpo, tua igreja, e o Redentor do mundo. Em ti, por intermédio do Espírito Santo, são revelados os tesouros do Pai: sabedoria e conhecimento, graça e glória. Amém.

AL TRUESDALE; COLOSSENSES 2.15

PARA REFLETIR: Jo 11.25; 20.1-23; At 2.14-36; Rm 6.1-4; 8.11; 1Co 15.20-58; 2Co 5.16-21; Gl 2.20; **Cl 1.15-29; 2.15;** 1Pe 1.3; 2Pe 1.4; Ap 1.12-16; 5.6-14; 7.9-12

Os discípulos tinham motivações das mais diversas, boas e ruins, e essa mistura não vinha em proporção equilibrada. Apesar disso, eles obedeciam: formavam o mais estranho amontoado de anti-heróis já visto. [...] Não pareciam nem um pouco capazes de incendiar o Jordão; mas essa não era mesmo a intenção. Eles é que seriam incendiados. Quando Deus chama um homem, ele o manda vir e queimar — queimar com um novo amor, um novo anseio que toma todo o emaranhado de desejos e ambições e os faz arder até que se refine o que fora dado por Deus, purgando tudo que seguia em outra direção. [...] Este é o destino daquele a quem Deus convoca: ser "tomado por fogo ou fogo"; de fato é consumido por ambos de uma só vez.

E esse punhado de retalhos e remendos saiu por todo o mundo levando cura, reconciliação, vida e amor, mediante o poder e o fogo do Espírito Santo.

N. T. Wright, A coroa e o fogo, p. 76-77

Ó Deus, que derramaste sobre os discípulos de Jesus o Santo Espírito prometido, concede à tua igreja o mesmo ardor e refinamento para que, assim como aqueles primeiros homens e mulheres declararam que Jesus é o Redentor do mundo, nós também sejamos revestidos de poder para proclamar as boas-novas de que Cristo "se tornou sabedoria de Deus em nosso favor, nos declarou justos diante de Deus, nos santificou e nos libertou do pecado". Assim pedimos por intermédio do próprio Jesus, nosso Senhor.

Adaptado de "Tempo de Pentecostes", Orações para
datas sagradas, em Coletas antigas e outras orações, p. 63;
1 Coríntios 1.30

PARA REFLETIR: Mt 16.22-23; Mc 14.43-50; Lc 22.31-34,54-62; At 1.6-14; 2.4,14-36; 3.1-16; 4.1-31; 5.12-32; 6.1-15; **1Co 1.30**; 2Co 4.1-12; 5.1-21; Fp 3.1-21

FONTES BIBLIOGRÁFICAS

As leituras, orações e hinos usados neste livro foram adaptados das fontes abaixo. Os títulos entre colchetes indicam o nome pelo qual as obras, em geral, são conhecidas em língua portuguesa e mencionadas ao longo deste volume.

Alhstrom, Sydney E. *A Religious History of the American People*. New Haven, CT: Yale University Press, 1972.

Anselm. *St. Anselm's Book of Meditations and Prayers* [Livro de meditações e orações]. Londres: Burns and Gates, 1872. Reimpr., Christian Classics Ethereal Library (CCEL). <http://www.ccel.org/ccel/anselm/meditations.html>.

Barth, Karl. *Church Dogmatics* [Dogmática eclesiástica]. Vol. 1, pt. 1, *The Doctrine of the Word of God*. Edit. por G. W. Bromiley e T. F. Torrance. Londres: T and T Clark International, 2004.

______. *Church Dogmatics*. Vol. 4, pt. 4, *The Doctrine of Reconciliation*. Edit. por G. W. Bromiley e T. F. Torrance. Londres: T and T Clark International, 2004.

______. *Dogmatics in Outline* [Esboço de uma dogmática]. Nova York: Harper Torchbooks, 1959.

______. *Evangelical Theology: An Introduction* [Introdução à teologia evangélica]. Grand Rapids: William B. Eerdmans, 1963.

______. *The Humanity of God* [A humanidade de Deus]. Richmond, VA: John Knox Press, 1960.

Bonhoeffer, Dietrich. *The Cost of Discipleship* [Discipulado]. 2ª. ed. Londres: SCM Press, 1959. Reimpr., Nova York, Macmillann, 1963.

______. *Ethics* [Ética]. Trad. de Neville Horton Smith. Nova York: Macmillan, 1955. Reimpr., Nova York: Simon and Schuster, 1995.

______. *Letters and Papers from Prison* [Cartas e anotações da prisão]. Trad. de Reginald Fuller. Nova York: Macmillan, 1971.

Bonhoefferblog. "The Execution of Dietrich Bonhoeffer (by Alfred the Great Academy)." More on the Execution of Dietrich Bonhoeffer. <https://bonhoefferblog.wordpress.com/2009/12/19/more-on-the-execution-of-dietrich-bonhoeffer/>.

Book of Common Prayer [Livro de Oração Comum, LOC]. Nova York: Church Hymnal Corporation, 1979. <http://justus.anglican.org/resources/bcp/formatted_1979.htm>.

Bright, William. *Ancient Collects and Other Prayers Selected for Devotional Use from Various Rituals* [Coletas antigas e outras orações]. Oxford, UK: J. Parker, 1902. HathiTrust Digital Library. <http://babel.hathitrust.org/cgi/pt?id=hvd.hn2z78;view=1up;seq=50>.

Brueggemann, Walter. *The Bible Makes Sense* [A Bíblia faz sentido]. Louisville, KY: Westminster John Knox Press, 2001.

______. *Finally Comes the Poet: Daring Speech for Proclamation* [Enfim vem o poeta]. Minneapolis: Fortress Press, 1989.

______. *An Introduction to the Old Testament: The Canon and Christian Imagination* [Introdução ao Antigo Testamento]. Louisville, KY: Westminster John Knox Press, 2003.

______. *The Prophetic Imagination* [A imaginação profética]. Filadélfia: Fortress Press, 1978.

Bunsen, Christian Carl J. *Prayers from the Collection of the Late Baron Bunsen* [Orações da coleção do finado Barão Bunsen]. Londres: Longman, Green, and Co., 1871. Internet Archive. <https://archive.org/details/prayersfromcoll00bunsgoog>.

Calvin, John. *Hosea* [Oseias]. Vol. 1 de *Commentaries on the Twelve Minor Prophets*. Trad. de John Owen. 1846–1849. Reimpr., CCEL. <http://www.ccel.org/ccel/calvin/calcom26.i.html>.

______. *Institutes of the Christian Religion* [Institutas da religião cristã]. Vol. 1. Edit. por John T. McNeill. Trad. de Ford Lewis Battles. Library of Christian Classics, 1960. Reimpr., Louisville, KY: Westminster John Knox Press, 2006.

Chesterton, G. K. *Heretics* [Hereges]. Nova York: John Lane, 1919. Reimpr., CCEL. <http://www.ccel.org/ccel/chesterton/heretics.html>.

______. *Orthodoxy* [Ortodoxia]. Nova York: Dodd, Mead, 1908. Reimpr., CCEL <http://www.ccel.org/ccel/chesterton/orthodoxy.txt>.

Daniel, Wallace L. "Father Aleksandr Men and the Struggle to Recover Russia's Heritage." <http://www.alexandrmen.ru/english/demokratizatsia/Father_Aleksandr_Men_and_the_Struggle_to_Recover_Russia.html>.

Denney, James. *The Death of Christ* [A morte de Cristo]. 1911. Reimpr., CCEL. <http://www.ccel.org/ccel/denney/christ_death.txt>.

Dyer, Helen S. *Pandita Ramabai: Her Vision, Her Mission and Triumph of Faith* [Pandita Ramabai: Visão, missão e o triunfo da fé]. Londres: Pickering and Inglis, [1922?]. Internet Archive. <https://archive.org/stream/panditaramabaihe00dyeruoft#page/n5/mode/2up>.

Erskine, Noel Leo. "Martin Luther King, Jr.: A Theologian with a Passion for Reconciliation." 31 de março de 2016. *Sightings*, Martin Marty Center, University of Chicago Divinity School. <http://us6.campaign-archive2.com/?u=6b2c705bf61d6edb1d5e0549d&id=-96c8f6e863&e=4094c28798>.

Florovsky, Georges. "The Catholicity of the Church" [A catolicidade da igreja]. Em *Bible, Church, Tradition: An Eastern Orthodox View*, p. 37-55. *The Collected Works of Georges Florovsky*, vol. 1. Varduz: Büchervertriebsanstalt, 1987. <http://jbburnett.com/resources/florovsky/1/florovsky_1-3-catholicity.pdf>.

______. "The Church: Her Nature and Task" [A igreja: natureza e tarefa]. Em *The Universal Church in God's Design*, vol. 1. Norwich, UK: SCM Press, 1948. <http://www.fatheralexander.org/booklets/english/catholicity_church_florovsky.htm>.

______. "Following the Holy Fathers': Father Georges Florovsky and the Patristic Mindset" [Seguindo os Santos Pais]. (Excertos de "Patristic Theology and the Ethos of the Orthodox Church", vol. 4, pt. 2 de *The Collected Works of Georges Florovsky* [Belmont, NA: Nordland, 1987], p. 15-22. Orthodox Christian Information Center. <http://orthodoxinfo.com/phronema/florov_fathers.aspx>.

______. "The Work of the Holy Spirit in Revelation" [A obra do Espírito Santo na revelação]. *The Christian East*, vol. 13, n. 2 (1932), p. 49-64. <http://www.fatheralexander.org/booklets/english/holy_spirit_revelation_florovsky.htm>.

Forsyth, Peter T. *Lectures on the Church and the Sacraments* [Palestras sobre a igreja e os sacramentos]. Londres: Longmans, Green, 1917. Internet Archive. <https://archive.org/details/lecturesonchurch00fors>.

______. *The Soul of Prayer* [A alma da oração]. Londres: Independent Press, 1916. Reimpr., CCEL. <http://www.ccel.org/ccel/forsyth/prayer.txt>.

______. *The Work of Christ* [A obra de Cristo]. Londres: Hodder and Stoughton, 1910. Internet Archive. <http://www.ccel.org/ccel/forsyth/work.txt>.

Francis. *Evangelii Gaudium* [A alegria do evangelho]. 24 de nov. de 2013. Vatican Website. <http://w2.vatican.va/content/francesco/en/apost_exhortations/documents/papa-francesco_esortazione-ap_20131124_evangelii-gaudium.html>.

______. *Lumen Fidei* [A luz da fé]. 29 de jun. de 2013. Vatican Website <http://w2.vatican.va/content/francesco/en/encyclicals/documents/papa-francesco_20130629_enciclica-lumen-fidei.html>.

Graham, Billy. "Heroes and Icons: John Stott." 18 de abr. de 2005. The 2005 Time 100. *Time*. <http://content.time.com/time/specials/packages/article/0,28804,1972656_1972717_1974108,00.html>.

______. *The Holy Spirit: Activating God's Power in Your Life* [O Espírito Santo]. Waco, TX: Word Books, 1978. Reimpr., Nashville: Thomas Nelson, 2000.

______. *Peace with God: The Secret of Happiness* [Paz com Deus]. Ed. rev. Nashville: Thomas Nelson, 2000.

Guardini, Romano. *The End of the Modern World* [O fim do mundo moderno]. Ed. rev. Wilmington, DE: ISI Books, 2001.

______. *The Lord* [O Senhor]. Washington, DC: Regnery Gateway, 1954.

Henning, Kathy. "A Conversation with Walter Brueggemann." 28 de junho de 2013. *Response*, Seattle Pacific University. <http://spu.edu/depts/uc/response/new/web-features/2013/walter-brueggemann.asp>.

Hopkins, Charles Howard. *The Rise of the Social Gospel in American Protestantism, 1865-1915*. New Haven, CT: Yale University Press, 1940.

Hymnary.org. [Hinário] <http://www.hymnary.org/texts?qu=+in:texts>.

John XXIII. *Ad Petri Cathedram* [À cátedra de São Pedro]. 29 de jun. de 1959. Papal Encyclicals Online. <https://www.papalencyclicals.net/john23/j23petri.htm>.

______. "Announcement of an Ecumenical Council" ["Anúncio"]. 25 de jan. de 1959. Transmitido na Basílica de São Paulo. Vatican II—Voice of the Church. <http://vatican2voice.org/91docs/announcement.htm>.

______. *Grata Recordatio* [Grata recordação]. 26 de set. de 1959. Vatican Website. <http://w2.vatican.va/content/john-xxiii/en/encyclicals/documents/hf_j-xxiii_enc_26091959_grata-recordatio.html>.

______. *Humanae Salutis* [Da salvação humana]. 25 de dez. de 1961. Vatican Website. <http://w2.vatican.va/content/john-xxiii/pt/apost_constitutions/1961/documents/hf_j-xxiii_apc_19611225_humanae-salutis.html>.

______. *Pacem in Terris* [Paz na terra]. 11 de abr. de 1963. Vatican Website. <http://w2.vatican.va/content/john-xxiii/pen/encyclicals/documents/hf_j-xxiii_enc_26091959_grata-recordatio.html>.

John Paul II. "Address of His Holiness John Paul II" ["Discurso de Sua Santidade"]. 5 de out. de 1995. Vatican Website. <https://w2.vatican.va/content/john-paul-ii/en/speeches/1995/october/documents/hf_jp-ii_spe_05101995_address-to-uno.html>.

______. *Dives in Misericordia* [Rico em misericórdia]. 30 de nov. de 1980. Vatican Website. <http://w2.vatican.va/content/john-paul-ii/en/encyclicals/documents/hf_jp-ii_enc_30111980_dives-in-misericordia.html>.

______. *Dominum et Vivificantem* [Senhor e doador da vida]. 18 de maio de 1986. Vatican Website. <http://w2.vatican.va/content/john-paul-ii/en/encyclicals/documents/hf_jp-ii_enc_18051986_dominum-et-vivificantem.html>.

______. *Evangelium Vitae* [O evangelho da vida]. 25 de mar. de 1995. Vatican Website. <http://w2.vatican.va/content/john-paul-ii/pt/encyclicals/documents/hf_jp-ii_enc_25031995_evangelium-vitae.html>.

______. *Redemptor Hominis* [O Redentor do homem]. 4 de mar. de 1979. Vatican Website. <http://w2.vatican.va/content/john-paul-ii/en/encyclicals/documents/hf_jp-ii_enc_04031979_redemptor-hominis.html>.

______. *Veritatis Splendor* [O esplendor da verdade], 6 de ago. de 1993. Vatican Website. <http://w2.vatican.va/content/john-paul-ii/pt/encyclicals/documents/hf_jp-ii_enc_06081993_veritatis-splendor.html>.

______. Citado em "Teresa Benedict of the Cross Edith Stein (1891--1942)". Vatican Website. <http://www.vatican.va/news_services/liturgy/saints/ns_lit_doc_19981011_edith_stein_en.html>.

Johnson, Luke Timothy. *The Real Jesus: The Misguided Quest for the Historical Jesus and the Truth of the Traditional Gospels* [O Jesus verdadeiro]. Nova York: HarperSanFrancisco, 1996.

______. *The Writings of the New Testament: An Interpretation* [Os escritos do Novo Testamento]. Minneapolis: Fortress Press, 1999.

Jones, E. Stanley. *Along the Indian Road* [Ao longo da estrada indiana]. Londres: Hodder and Stoughton, 1939. Internet Archive. <https://archive.org/stream/alongtheindianro035269mbp/alongtheindianro035269mbp_djvu.txt>.

______. *A Song of Ascents: A Spiritual Autobiography* [Cântico de subidas]. Nashville: Abingdon, 1968.

______. *Victorious Living* [Vida vitoriosa]. Danbury, CT: Summerside Press, 2010.

Kemp, E. A. "The Excellence of Devotion." *The Herald of Gospel Liberty*, 109, n. 16 (19 de abr. de 1917), p. 10-11.

King Jr., Martin Luther. "I Have a Dream" [Eu tenho um sonho]. Discurso proferido no Memorial Lincoln, Washington, DC, 28 de ago.

de 1963. American Rhetoric. <http://www.americanrhetoric.com/speeches/mlkihaveadream.htm>.

______. *Stride toward Freedom: The Montgomery Story* [Avanço rumo à liberdade]. Nova York: Harper and Brothers, 1958.

______. *Where Do We Go from Here: Chaos or Community?* [Daqui, para onde vamos: caos ou comunidade?]. Nova York: Harper and Row, 1967. Reimpr. com introd. de Vincent Harding. Boston: Beacon Press, 2010.

______. *Why We Can't Wait* [Por que não podemos esperar]. Nova York: Harper and Row, 1964.

Kuyper, Abraham. *The Ascent of the Son—The Descent of the Spirit: Kuyper Meditations* [A ascensão do Filho, a descida do Espírito]. 1888. Trad. de Jan H. Boer. Social Theology. <http://www.socialtheology.com>. Reimpr., CCEL. <http://www.ccel.org/ccel/kuyper/ascentofchrist.txt>.

______. *Common Grace: God's Gifts for a Fallen World* [Graça comum]. Vol. 1. Trad. de Nelson D. Kloosterman. Grand Rapids: Acton Institute for the Study of Religion and Liberty, 2015.

______. *To Be Near unto God* [Estar perto de Deus]. Trad. de J. H. de Vries. Grand Rapids: Eerdmans-Sevensma, 1918. Reimpr., CCEL. <http://www.ccel.org/ccel/kuyper/near.txt>.

______. *The Work of the Holy Spirit* [A obra do Espírito Santo]. Trad. de J. H. de Vries. Nova York: Funk and Wagnalls, 1900. Reimpr., CCEL. <http://www.ccel.org/ccel/kuyper/holy_spirit.txt>.

Lewis, C. S. *Mere Christianity* [Cristianismo puro e simples]. Ed. rev. Nova York: HarperOne, 2015.

______. *The Problem of Pain* [O problema do sofrimento]. Nova York: MacMillan, 1976.

______. *The Screwtape Letters* [Cartas do diabo a seu aprendiz]. Reimpr., Nova York: HarperSanFrancisco, 1996.

______. *Surprised by Joy: The Shape of My Early Life* [Surpreendido pela alegria]. Reimpr., Nova York: Houghton Mifflin Harcourt, 2001.

"List of Jim Crow Law Examples by State Explained." Everything Explained Today. <http://everything.explained.today/List_of_Jim_Crow_law_examples_by_State/>.

The Little Treasure of Prayers. 4a ed. Columbus, OH: Lutheran Book Concern, 1888. Reimpr., CCEL. <http://www.ccel.org/ccel/anonymous/treasure.cover.html>

McGrath, Alister. *C. S. Lewis: A Life* [A vida de C. S. Lewis]. Carol Stream, IL: Tyndale House, 2013.

McKenna, Josephine. "Pope Francis Treats Homeless to Pizza and Swim at the Beach." 15 de ago. de 2016. Beliefs. *Religion News Service*. <https://www.religionnews.com/2016/08/15/pope-francis-treats-homeless-to-pizza-and-swim-at-the-beach/>.

Men, Alexandr. *About Christ and the Church* [Sobre Cristo e a igreja]. Trad. de Alexis Vinogradov. Torrance, CA: Oakwood Publications, 1996.

______. *Awake to Life: Sermons from the Paschal (Easter) Cycle* [Desperto para a vida]. Torrance, CA: Oakwood Publications, 1996.

Merton, Thomas. *The Ascent to Truth* [Ascensão para a verdade]. Nova York: Harcourt, Brace, 1951.

______. *The Seven Storey Mountain* [A montanha dos sete patamares]. Nova York: Harcourt, Brace, 1948.

______. *The Sign of Jonas* [O sinal de Jonas]. Nova York: Harcourt, Brace, 1953.

Mother Teresa. *Life in the Spirit: Reflections, Meditations, Prayers* [Vida no Espírito]. San Francisco: Harper and Row, 1983.

______. *Mother Teresa: Come Be My Light; The Private Writings of the "Saint of Calcutta"* [Madre Teresa: Venha, seja minha luz]. Edit. por Brian Kolodiejchuk. Nova York: Doubleday, 2007.

______. *Mother Teresa: Essential Writings* [Escritos essenciais]. Compil. por Jean Maalouf. Maryknoll, NY: Orbis Books, 2001.

Mott, John R. *The Evangelization of the World in This Generation* [A evangelização do mundo nesta geração]. Nova York: Student Volunteer Movement for Foreign Missions, 1900. Internet Archive. <http://www.archive.org/stream/evangelizatioof00mottuoft/evangelizationof00mottuoft_djvu.txt>.

Nation, Mark Thiessen. Citado em "About Walter Brueggemann." The Words Online. <http://www.thewords.com/articles/walterabout.htm>.

Newbigin, Lesslie. *Christian Witness in a Plural Society* [Testemunho cristão numa sociedade pluralista]. Londres: British Council of Churches, 1977.

______. *The Finality of Christ* [A finalidade de Cristo]. Londres: SCM Press, 1969.

______. *Truth to Tell: The Gospel as Public Truth* [Verdade para contar]. Grand Rapids, MI: William B. Eerdmans, 1991.

Newman, John Henry. *Meditations and Devotions of the Late Cardinal Newman* [Meditações e devoções]. Edit. por W. P. Neville. Londres: Longmans, Green, 1907. Reimpr., Newman Reader, National

Institute for Newman Studies, 2007. <http://www.newmanreader.org/works/meditations/>.

Niebuhr, Reinhold. *The Children of Light and the Children of Darkness* [Os filhos da luz e os filhos das trevas]. Nova York; Charles Scribner's Sons, 1960.

______. *The Irony of American History* [A ironia da história americana]. Nova York: Charles Scribner's Sons, 1952.

______. *Leaves from the Notebook of a Tamed Cynic* [Folhas do caderno de um cínico domesticado]. Nova York: Meridian Books, 1960.

Nordlinger, Jay. "The Pole in Rome." *National Review*, 11 de out. de 1999. <http://www.nationalreview.com/article/214065/pole-rome-jay-nordlinger>.

Nouwen, Henri J. M. *The Return of the Prodigal Son: A Story of Homecoming* [A volta do filho pródigo]. Nova York: Doubleday, 1994.

______. *The Way of the Heart: Connecting with God through Prayer, Wisdom, and Silence* [O caminho do coração]. Minneapolis: Seabury Press, 1981.

Page, Herman; Laidlaw, Gilbert W. *Prayers: Compiled and Adapted from Ancient and Modern Sources* [Orações: compiladas e adaptadas de fontes antigas e modernas]. Nova York: Edwin S. Gorham, 1918. Reimpr., Project Gutenberg. <https://archive.org/details/prayers-00page>.

Rauschenbusch, Walter. *The Social Principles of Jesus* [Os princípios sociais de Jesus]. Londres: International Committee of Young Men's Christian Associations, 1916. Reimpr., Project Gutenberg, 2009. <http://www.gutenberg.org/files/29912/29912-0.txt>.

"Sadhu Sundar Singh: Indian Christian Missionary." CCEL. <http://www.ccel.org/ccel/singh>.

Singh, Sadhu Sundar. *At the Master's Feet* [Aos pés do Mestre]. Trad. de Arthur Parker e Rebecca Jane Parker. Londres: Fleming H. Revell, 1922. Reimpr., CCEL. <https://www.ccel.org/ccel/singh/feet.txt>.

______. Citado em Friedrich Heiler, *The Gospel of Sadhu Sundar Singh* [O evangelho de Sadhu Sundar Singh]. Trad. abrev. de Olive Wyon. Londres; George Allen and Unwin, 1927. Internet Archive. <https://archive.org/details/TheGospelOfSadhuSundarSinghByOlive-Wyon-1927-UploadedByPeter-john>.

Stein, Edith [Teresa Benedita da Cruz]. *The Hidden Life: Hagiographic Essays, Meditations, Spiritual Texts* [A vida escondida]. Trad. de Waltraut Stein. Vol. 4 de *The Collected Works of Edith Stein*. Washington, DC: ICS Publications, 2014.

______. *Essential Writings* [Escritos essenciais]. Edit. por John Sullivan. Maryknoll, NY: Orbis Books, 2002.

______. *The Science of the Cross* [A ciência da cruz]. Trad. de Josephine Koeppel. Washington, DC: Institute of Carmelite Studies, 2002. <http://worldcat.org/title/collected-works-of-edith-stein-sister-teresa-benedicta-of-the-cross-discalced-carmelite/oclc/11398111/viewport>.

Stott, John R. W. *Basic Christianity* [Cristianismo básico]. 2ª ed. Grand Rapids: William B. Eerdmans, 1971.

______. *The Cross of Christ* [A cruz de Cristo]. Downers Grove, IL; Intervarsity Press, 1986.

ten Boom, Corrie. *Corrie ten Boom's Prison Letters* [Cartas da prisão]. Fort Washington, PA: CLC Publications, 2015.

______. *The Hiding Place* [O refúgio secreto]. Grand Rapids: Chosen Books, 1984.

Tutu, Desmond. *God Is Not a Christian: And Other Provocations* [Deus não é cristão]. Edit. por John Allen. Nova York: HarperOne, 2011.

______. *No Future without Forgiveness* [Não há futuro sem perdão]. Nova York: Image Books, 2000.

Wacker, Grant. *America's Pastor: Billy Graham and the Shaping of a Nation*. Cambridge, MA: Belknap Press, 2014.

Weigel, George. *Witness to Hope: The Biography of Pope John Paul II*. Nova York: Harper Perennial, 2005.

Woodward, C. Vann. *The Strange Career of Jim Crow*. Nova York: Oxford University Press, 1955.

Wright, N. T. *The Challenge of Jesus: Rediscovering Who Jesus Was and Is* [Os desafios de Jesus]. Downers Grove, IL: InterVarsity Press, 1999.

______. *The Crown and the Fire: Meditations on the Cross and the Life of the Spirit* [A coroa e o fogo]. Grand Rapids: William B. Eerdmans, 1992.

______. *For All God's Worth: True Worship and the Calling of the Church* [Por que Deus importa]. Grand Rapids: William B. Eerdmans, 1997.

______. *The Lord and His Prayer* [O Senhor e sua oração]. Grand Rapids: William B. Eerdmans, 1997.

Esta obra foi composta com tipografia Janson Text e Mr Eaves